Materialien

Der Islam: Christen begegnen Muslimen

Siegfried Schulz

Materialien
Der Islam: Christen begegnen Muslimen

Sekundarstufe I

Ernst Klett Verlag für Wissen und Bildung
Stuttgart · Dresden

Gedruckt auf Recyclingpapier,
hergestellt aus 100 % Altpapier.

1. Auflage 1 5 4 3 2 | 1997 96 95 94

Alle Drucke dieser Auflage können im Unterricht nebeneinander benutzt werden, sie sind untereinander unverändert. Die letzte Zahl bezeichnet das Jahr dieses Druckes.

Satz: Steffen Hahn, Kornwestheim
Druck: Wilhelm Röck, Weinsberg
Einbandgestaltung: Zembsch' Werkstatt, München
ISBN 3-12-268810-7

Inhalt

Islamische Feste

Die Wallfahrt nach Mekka

Islamische Frömmigkeit

Heiliger Krieg I: Der Dschihad

Heiliger Krieg II: Islamische und christliche Eroberungen

Angst vor dem Islam?

Die Stellung der Frau im Islam

1 Eine Moschee in Welzheim

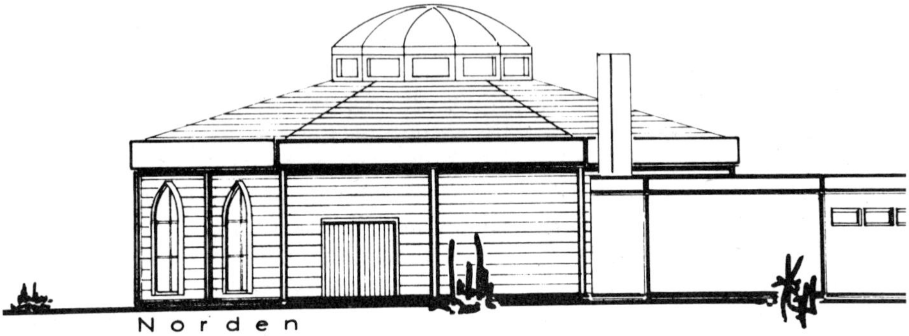

So stellen sich die Planer das islamische Gotteshaus vor *Foto: Horst Rudel*

Eine Moschee in Welzheim

Pfarrer ruft zu Toleranz

Die Kirchenlandschaft auf den Höhen des Welzheimer Waldes wird schon bald nicht mehr die sein, die sie bisher war. Voraussichtlich bereits im kommenden Jahr wird ein orientalischer Kuppelbau davon künden, daß es in der Kleinstadt Welzheim mit ihren 10 000 Einwohnern ein islamisches Gebetshaus gibt: Die etwa 500 Türken muslimischen Glaubens, die in dem Limesstädtchen leben, wollen auf einem als Gewerbefläche ausgewiesenen Areal eine Moschee bauen. Sie ist nicht nur für die Moslems aus Welzheim gedacht, in ihr sollen auch die Glaubensbrüder aus den Nachbargemeinden Kaisersbach und Alfdorf zusammenkommen, um den Propheten anzurufen und zu Allah zu beten. Das Projekt (ohne Minarett) hat die erste planungsrechtliche Hürde genommen: Der technische Ausschuß des Welzheimer Gemeinderats hat dem Baugesuch einstimmig den kommunalen Segen erteilt. Bürgermeister Hermann Holzner: „Das wurde vorurteilsfrei genehmigt, weltanschauliche Fragen zu prüfen, steht uns nicht zu." Das Waiblinger Landratsamt hat seine Zustimmung bereits signalisiert.

Die Moschee, die von einem Hodscha geleitet werden soll, soll nicht nur eine Stätte des gemeinsamen Gebets sein. In den geplanten Nebenräumen sollen auch eine Koranschule und eine Bücherei eingerichtet werden. Dazu kommt ein kleiner Laden, in dem sich die Moscheebesucher mit religiösen Schriften sowie mit Obst und Gemüse eindecken können. Fünf Mal am Tag ist Gebetsstunde, morgens zwischen 5 und 6, mittags um 12 und um 16, 18 und 20 Uhr.

Das Bauvorhaben der muslimischen Gemeinde hat zwar keine offenen Proteste der Einheimischen ausgelöst, doch es gibt, wie der evangelische Pfarrer Eberhard Braun weiß, unterschwellige Ängste und Befürchtungen. Der Geistliche ist sich mit seinem katholischen Amtsbruder Neumann darin einig, daß die Moslems ein Recht auf eine eigene Moschee haben. „Jede Minderheit hat ein Anrecht auf Religionsausübung“, so Pfarrer Braun, der an die religiöse Toleranz der Welzheimer appelliert. Der evangelische Seelsorger kennt auch den oft geäußerten Einwand, daß es einer christlichen Glaubensgemeinschaft wohl kaum erlaubt würde, in einem islamischen Land ein Gotteshaus zu bauen. Pfarrer Brauns Antwort darauf: „Und wenn das tausend Mal so ist, kann das für uns kein Anlaß sein, genau so zu handeln.“

„Hilfe, eine Moschee“ - so überschrieb Pfarrer Braun seine Sonntagsgedanken in der Welzheimer Zeitung, nachdem das Rathaus sein Plazet gegeben hatte. Und in dem Beitrag stellte er auch die Frage: Werden wir vom Islam überrollt? Man habe die Türken ins Land geholt oder zumindest hereingelassen, damit sie den Dreck schaffen, den bei uns niemand mehr schaffen wolle, da könne man es ihnen nicht verwehren, eine Moschee zu bauen, gibt der Kirchenmann Ängstlichen zu verstehen. Natürlich sei es ein Skandal, daß man dort, wo der Islam Staatsreligion sei, religiöse Minderheiten, auch Christen, verfolge, foltere und zum Tode verurteile. Doch dies dürfe kein Grund sein, die Moslems aus dem Welzheimer Wald dafür büßen zu lassen, was andere an anderer Stelle Schlimmes anrichten. ols

Aus: Stuttgarter Zeitung vom 15. Oktober 1991

2 Aus einer Handreichung für die Begegnung mit Muslimen (Auszug)

Inzwischen haben sich dabei eine Reihe von Regeln ergeben, die sich im allgemeinen als hilfreich erwiesen haben. Eine solche Regel besagt, daß gottesdienstliche Räume der Kirchengemeinden Muslimen nicht für ihre religiösen Zwecke zur Verfügung gestellt werden sollten. Zu groß ist die Gefahr des Mißverständnisses und der Verletzung von Gewissen auf beiden Seiten. Auch der Schein des Synkretismus, also der Vermischung der beiden Glaubensweisen, sollte vermieden werden. Anders ist es bei den übrigen Gemeinderäumen. Da sollte man offen und bereit sein, besonders zu gelegentlicher Hilfe. In Ausnahmefällen könnte man auch einen Gemeindesaal für das Ramadan-Gebet zur Verfügung stellen - aber es sollte dann auch der Ausnahmecharakter klar sein. Eine andere Regel, die sich bewährt hat: Bei Familienfeiern, etwa bei Hochzeiten oder der Feier zur Beschneidung eines Kindes sollte die Kirchengemeinde großzügig sein und Gastfreundschaft zeigen. Erfahrungen haben erwiesen, daß über solche Gelegenheiten gute menschliche Kontakte zu muslimischen Familien geknüpft werden konnten, die die Beziehungen zu der muslimischen Bevölkerung im Gemeindebereich erheblich verbessert haben.

Aus: Kirchengemeinden und ihre muslimischen Nachbarn, hrsg. von Michael Mildenberger

3 Arabische Lehnwörter in der deutschen Sprache

Kennzeichne mit einem Kreuz diejenigen Wörter, die Du als arabische Lehnwörter vermutest!

Admiral
Alabaster
Albatros
Algebra
Alkohol
Almanach
Amulett
Aprikose
Arabeske
Artischocke
Atlas

Baldachin
Balsam
Banane
Barock
Benzin
Bluse
Bohne (Kaffee-)

Café
Conditorei

Damast
Dame-Spiel
Delphin
Diwan
Droge

Fakir
Fanfare

Galant
Gamasche
Gaze
Gazelle
Gips
Giraffe
Gitarre

Haschisch
Hellebarde

Ingwer
Jacke
Jasmin

Kabel
Kaffee
Kamel
Karaffe
Karussell
Kittel
Koffer
Konditor
Kümmel

Lack
Laute
Lava
lila
Limonade

Magazin
Malheur
Mandoline
Marzipan
Maske
massieren
Matratze
matt
Mokka
Monsun
Mulatte
Mumie
Muskete
Mütze

Opal
Orange

Papagei

Rakete
Rasse
Razzia
Reis
Risiko

Safari
Saphir
Schach
Sirup
Smaragd
Soda
Sofa
Sorbet
Spinat

Talisman
Tamburin
Tasse
Trompete

Watte

Zenit
Ziffer
Zimt
Zucker
Zwetschge

4 Ein Sohn schreibt an den Vater

Lieber Vater! Du fragst, ob Du mir Geld bringen sollst. Wenn ich entlassen werde, bekomme ich vom Krankenhaus einen neuen Anzug und fünf Goldstücke für die erste Zeit, damit ich nicht sofort wieder arbeiten muß. Du brauchst also von Deiner Herde kein Tier zu verkaufen. Du mußt aber bald kommen, wenn Du mich hier noch finden willst. Ich liege auf der orthopädischen Station neben dem Operationssaal. Wenn Du durch das Hauptportal kommst, gehst Du an der südlichen Außenhalle vorbei. Das ist die Poliklinik, wohin sie mich nach meinem Sturz gebracht hatten. Dort wird jeder Kranke zuerst von den Assistenzärzten und Studenten untersucht, und wer nicht unbedingt Krankenhausbehandlung braucht, bekommt dort sein Rezept, das er sich nebenan in der Krankenhausapotheke anfertigen lassen kann. Ich wurde nach der Untersuchung dort registriert und dem Oberarzt vorgeführt, ein Wärter trug mich in die Männerstation, machte mir ein Bad und steckte mich in saubere Krankenhauskleidung.

Aber Du läßt linker Hand auch die Bibliothek und den großen Hörsaal, wo der Chefarzt die Studenten unterrichtet, hinter Dir. Der Gang links vom Hof führt zur Frauenstation, Du mußt Dich also rechts halten und an der Inneren Abteilung und der Chirurgischen vorbeigehen ... Wenn Du Musik oder Gesang aus einem Raum vernimmst, sieh hinein. Vielleicht bin ich dann schon in dem Tagesraum für die Genesenden, wo wir Musik und Bücher zur Unterhaltung haben.

Als der Chefarzt heute morgen mit seinen Assistenten und Wärtern auf Visite war und mich untersuchte, diktierte er dem Stationsarzt etwas, was ich nicht verstand. Der erklärte mir hinterher, daß ich morgen aufstehen darf und bald entlassen werde. Dabei mag ich gar nicht fort. Alles ist so hell und sauber hier. Die Betten sind weich, die Laken aus weißem Damast und die Decken flaumig und fein wie Samt. In jedem Zimmer ist fließendes Wasser, und jedes wird geheizt, wenn die kalten Nächte kommen. Fast täglich gibt es Geflügel oder Hammelbraten für den, dessen Magen es verträgt. Mein Nachbar hatte sich schon eine ganze Woche lang kränker gestellt, als er war, nur um die zarten Hühnerbrüstchen noch ein paar Tage länger genießen zu können. Der Chefarzt hat aber Verdacht geschöpft und ihn gestern nach Hause geschickt, nachdem er zum Beweis seiner Gesundheit noch einen Laib Brot und ein ganzes Huhn verzehren durfte.

Also komm, bevor mir mein letztes Huhn gebraten wird!

Aus: Sigrid Hunke, Allahs Sonne über dem Abendland

5 Gerhard Prause, Kreuzfahrer begegnen einer fremden Kultur

Als die abendländischen Kreuzritter im elften, zwölften, dreizehnten Jahrhundert ins Heilige Land zogen, da kamen sie keineswegs - wie mancher vielleicht, von heute her gesehen, meinen möchte - in unterentwickelte Länder, vielmehr lernten sie zu ihrer großen Überraschung eine Welt kennen, die der ihren kulturell und zivilisatorisch weit überlegen war und in der es Dinge des täglichen Lebens gab, die sie bis dahin nie gesehen hatten: etwa Parfüms und parfümierte Seifen, Baumwolle und Seide, Glas und gläserne Flaschen, Papier; es gab, selbst mitten im Sommer, Eis zu essen und Halbgefrorenes; sie lernten eine Fülle von unbekannten Früchten, Gewürzen und Blumen kennen, in den Städten standen herrliche Moscheen, große Paläste, fünf- bis sechsstöckige Wohnhäuser, viele sogar mit fließendem Wasser, die Straßen und Plätze wurden nachts von Öllampen erleuchtet, und den Bewohnern standen öffentliche Parkanlagen, Tiergärten und Bäder zur Verfügung, vor allem auch Krankenhäuser - die im Westen bis dahin ebenfalls gänzlich unbekannt waren - mit zahlreichen Fachärzten und sogar Ärztinnen. Und es gab Universitäten, in denen Dinge gelehrt wurden, von denen man im Westen nie gehört hatte und die man sich gar nicht vorstellen konnte, wie zum Beispiel, daß die Erde eine Kugel sei.

Nun darf man nicht außer acht lassen, daß die Begegnung dieser so unterschiedlichen Welten nicht friedlich, sondern kriegerisch verlief, das heißt, daß beide Seiten mit religiösen und moralischen Vorurteilen beladen waren und daß niemand etwa an Verschmelzung dachte wie einst Alexander. Die Christen zeigten sich keineswegs bereit, von den Moslems zu lernen, abgesehen lediglich von deren Krankenpflege; unter ihrem Eindruck bildeten sich ja die Ritterorden, die Johanniter, die Templer, der Deutsche Orden, ursprünglich mit dem Ziel, Kranke und Verwundete zu pflegen. Grundsätzlich jedoch galt die Welt des Islam als verdammenswert.

Aus: Gerhard Prause, Genies in der Schule

6 Sigrid Hunke, Vorurteile verscharren die Wirklichkeit

„Es sind die vorgefaßten Meinungen, die es den Völkern so schwer machen, einander zu verstehen, und die es ihnen so leicht machen, einander zu verachten."

Dieses Wort Romain Rollands trifft in ganz besonderer Weise auf das Verhältnis des christlichen Abendlandes zur arabisch-islamischen Welt zu. Wie gegenüber keinem anderen Volk ist das Verständnis des Abendlandes für das Arabertum so stark gestört, das Verhältnis seit Jahrhunderten so schwer belastet und durch „vorgefaßte Meinungen" entstellt. Selbst anderen, ferner gelegenen, uns fremden Völkern, auch solchen, die anderen Religionen angehören, bringen wir eine unkompliziertere Einstellung entgegen als den arabisch-islamischen oder islamisierten Völkern.

Woran liegt das? Es muß einen besonderen Grund geben, weshalb die mittelalterlichen Vorurteile noch heute unverändert

eine objektive Kenntnis ihrer Geisteswelt, ihrer Religion, ihrer Geschichte und Kultur blockieren und noch heute anscheinend unauslöschbare Geschichtsfälschungen das Allgemeinwissen über die Araber beherrschen.
Auch Versuche der Verfasserin in „Allahs Sonne über dem Abendland“ 1960 und in „Kamele auf dem Kaisermantel“ 1976 die bedeutenden arabischen Leistungen und Einflüsse auf die europäischen Wissenschaften und Künste ans Tageslicht zu heben, haben zwar eine breite Bresche in die traditionelle Unkenntnis geschlagen; aber die bornierte Verachtung der Araber als „zerlumpte Ziegenhirten“ und auf dicken Schweizer Konten sitzende „Ölscheichs“, die Warnung vor dem seit Karl Martells Zeiten „immer noch militanten Islam“, die Entrüstung über die „unterdrückten Frauen“, die „barbarische Verheizung griechischen Menschheitswissens“, die religiöse „Intoleranz“ gehören zur traditionellen, seit Jahrhunderten die Realität verfälschenden Greuelpropaganda mit ihrem neuerdings wieder verhetzenden Repertoire in Vorträgen, Presse und einseitig gefärbter Politik, das die Wahrheit in einem Massengrab von Vorurteilen verscharrt.

In der Tat läßt sich der Angel- und Drehpunkt ausmachen, in dem das vordem übliche mittelalterliche Feindbild der „heidnischen“ Gegner, in diesem Fall also der sogenannten „Mohammedaner“, umkippt in ein traumatisch verstelltes Haßprodukt. Während das ohnehin schmale Wissen über die sogenannten „Ungläubigen“ auf wenige Stereotypen zusammenschmilzt, sachliche Information durch Polemik ersetzt, alles Positive, das man ihnen nachsagen könnte, ins Negative gewendet wird, werden ihre wissenschaftlichen Errungenschaften, speziell Erfindungen plagiiert, europäischen Urhebern zugeschrieben oder sogar erfundenen Phantomnamen angedichtet. Selbst namhafte Kulturhistoriker stellen noch Ende der fünfziger Jahre das Arabertum als ein gänzlich steriles, unschöpferisches Volk hin, das das unermeßlich hohe Wissen der Antike, soweit es seine Schätze nicht barbarisch verheizt habe, angeblich papageienhaft nachgeplappert und lediglich wie Briefträger dem Abendland „übermittelt“ habe.
Wie aktuell und notwendig es ist, die vergiftenden Vorurteile und Fehlinformationen über den Islam als Religion, über seine Träger und seine Geschichte auszuräumen, beweist die neue Propagandawelle, die sich in Deutschland gegen ihn erhebt, womit die türkische Asylantenschwemme – und der türkische Gründungsversuch einer „Islamischen Partei Deutschlands IPD“ – getroffen werden soll, und gegen die fundamentalistische Intoleranz des Irans, wobei jedoch infolge mangelhafter Information und Detailkenntnis unbegründet die Religion selbst und ihr Prophet sowie das Arabertum in das Schußfeld gerückt werden. Doch nicht alles Islamische ist arabisch!

Aus: Sigrid Hunke, Allah ist ganz anders

7 Hans Guldenmundt, Türkischer Krieger mit gefangenen österreichischen Bauern

Holzschnitt, 1. Hälfte des 16. Jahrhunderts

Foto: Bildarchiv Berlin, Preußischer Kulturbesitz

8 Sarotti-Reklame: „Der Mohr macht süße Märchen wahr“

Foto: Vista Point Verlag, Köln

9 Ludwig Uhland, Schwäbische Kunde

Als Kaiser Rotbart lobesam
zum Heil'gen Land gezogen kam,
da mußt' er mit dem frommen Heer
durch ein Gebirge wüst und leer.
Daselbst erhub sich große Not,
viel Steine gabs und wenig Brot,
und mancher deutsche Reitersmann
hat dort den Trunk sich abgetan.
Den Pferden wars so schwach im Magen,
fast mußt' der Reiter die Mähre tragen.
Nun war ein Herr aus Schwabenland,
von hohem Wuchs und starker Hand.
Des Rößlein war so krank und schwach,
er zog es nur am Zaume nach;
er hätt es nimmer aufgegeben,
und kostet's ihn das eigne Leben.
So blieb er bald ein gutes Stück
hinter dem Heereszug zurück.
Da sprengten plötzlich in die Quer
fünfzig türkische Reiter daher.
Die huben an, auf ihn zu schießen,
nach ihm zu werfen mit den Spießen.
Der wackre Schwabe forcht sich nit,
ging seines Weges Schritt vor Schritt,
ließ sich den Schild mit Pfeilen spicken
und tät nur spöttisch um sich blicken,
bis einer, dem die Zeit zu lang,
auf ihn den krummen Säbel schwang.
Da wallt dem Deutschen auch sein Blut;
er trifft des Türken Pferd so gut,
er haut ihm ab mit einem Streich
die beiden Vorderfüß' zugleich.
Als er das Tier zu Fall gebracht,
da faßt er erst sein Schwert mit Macht.
Er schwingt es auf des Reiters Kopf,
haut durch bis auf den Sattelknopf,
haut auch den Sattel noch zu Stücken
und tief noch in des Pferdes Rücken.
Zur Rechten sieht man wie zur Linken
einen halben Türken heruntersinken.
Da packt die andern kalter Graus;
sie fliehen in alle Welt hinaus,
und jedem ists, als würd ihm mitten
durch Kopf und Leib hindurchgeschnitten.
Drauf kam des Wegs 'ne Christenschar,
die auch zurückgeblieben war.
Die sahen nun mit gutem Bedacht,
was Arbeit unser Held gemacht.
Von denen hats der Kaiser vernommen.
Der ließ den Schwaben vor sich kommen.
Er sprach: „Sag an, mein Ritter wert!
Wer hat dich solche Streich gelehrt?"
Der Held bedacht' sich nicht zu lang:
„Die Streiche sind bei uns im Schwang!
Sie sind bekannt im ganzen Reiche:
man nennt sie halt nur Schwabenstreiche!"

Aus: Machenser/Gehrmann (Hrsg.), Deutsche Balladen

10 Artikel 12 aus der Verfassung des Landes Baden-Württemberg

(1) Die Jugend ist in der Ehrfurcht vor Gott, im Geiste der christlichen Nächstenliebe, zur Brüderlichkeit aller Menschen und zur Friedensliebe, in der Liebe zu Volk und Heimat, zu sittlicher und politischer Verantwortlichkeit, zu beruflicher und sozialer Bewährung und zu freiheitlicher demokratischer Gesinnung zu erziehen.

11 Kurt Spillmann, Sieben typische Merkmale des Feindbildes

1. Mißtrauen (Alles, was vom Feind kommt, ist entweder schlecht oder - wenn es vernünftig aussieht - aus unredlichen Motiven entstanden);
2. Schuldzuweisung (Der Feind ist schuld an der existierenden Spannung bzw. an dem, was an den herrschenden Umständen für uns negativ ist);
3. negative Antizipation (Was immer der Feind unternimmt, er will uns schaden);
4. Identifikation mit dem Bösen (Der Feind verkörpert in allem das Gegenteil dessen, was wir sind und anstreben, er will unsere höchsten Werte vernichten und muß deshalb selbst vernichtet werden);
5. Nullsummendenken (Was dem Feind nützt, schadet uns und umgekehrt);
6. De-Individualisierung (Jeder, der zur Gruppe des Feindes gehört, ist automatisch unser Feind);
7. Empathieverweigerung (Mit unserem Feind verbindet uns keine Gemeinsamkeit: ... den Feinden gegenüber sind menschliche Gefühle und ethische Kriterien gefährlich und fehl am Platz).

Aus: „Politik und Unterricht", Nr. 3/90

Antizipation: Vorwegnahme
Empathie: Mitgefühl

12 Josef van Ess, Ein schlechtes Image und seine Folgen

Das Interesse am Islam ist alt. Aber es wird nicht von verläßlicher Information getragen. Was man in den Medien über den Islam hören oder lesen kann und was Intellektuelle überhaupt über ihn sagen, ist erschreckend. Erschreckend im doppelten Sinne: zum ersten wegen der Schiefheiten und Vorurteile, die sich in diesen Urteilen verraten, und zum zweiten wegen des dämonisierenden Tones, in dem sie vorgetragen werden. Kein Mensch hat Angst vor dem Buddhismus oder dem Hinduismus; gegenüber dem Islam ist Angst hingegen die normale Haltung. Und dies nicht erst seit der Ölkrise und der islamischen Revolution; auch im Mittelalter oder in der frühen Neuzeit blühte in der breiten Öffentlichkeit das Interesse am Islam dann am besten, wenn es etwas zu fürchten gab: als die Eroberungswelle der Kreuzzüge verebbte und später während der Türkenkriege. In einem solchen Klima gedeihen die Stereotypen; das Bedürfnis nach Information wird allzuschnell von Verallgemeinerung und voreiligen Schlüssen überdeckt. [...]

Nun, wir wissen, daß so etwas heute in den Medien nicht mehr vorkommt, und wir wissen auch, daß wir alle, die Theologen voran, ökumenisch denken. In der Tat: das Zweite Vatikanische Konzil hat eine Deklaration über die Muslime veröffentlicht, und man kann sicher sein, daß sie dort, wo katholische Christen und Muslime zu einem Dialog sich treffen, schon in der Eröffnungsansprache zitiert wird. Aber die „plebeia opinio“ ist damit noch nicht aus der Welt geschafft; die Klischees sitzen tief im Unterbewußten und stoßen häufig auf einhellige Zustimmung, zum Beispiel in den Karikaturen der Zeitungen. [...]

Eine Ergänzung von Hans Küng

Nein, ein Zurück zur alten „christlichen“ Polemik, zu Immunisierung durch Diffamierung, gibt es nicht. Die jahrhundertelange Isolation und Unkenntnis wird für immer mehr Menschen unmöglich: Bücher, Massenmedien, Reisen, Hunderttausende von Andersgläubigen im eigenen Land tun ihre Wirkung. Und langsam weicht die Verachtung der anderen Religion dem Verständnis, die Unkenntnis dem Studium, die Missionierung dem Dialog.

Doch damit ist erst ein Anfang gemacht. Viel zu sehr betrachten Christen (und oft auch die Muslime selbst) den Islam noch als eine starre Größe, ein geschlossenes Religionssystem, denn als lebendige Religion, als religiöse Bewegung, die sich durch die Jahrhunderte ständig veränderte, zu großer innerer Mannigfaltigkeit auswuchs und an der konkrete Menschen mit einem breiten Spektrum von Haltungen und Gefühlen teilhatten. Heute muß es darum gehen, langsam *von innen her zu verstehen,* warum der Muslim Gott und Welt, Gottesdienst und Menschendienst, warum er Politik, Recht und Kunst mit anderen Augen sieht, mit anderem Herzen erlebt als etwa Christen.

Aus: Hans Küng u. a., Christentum und Weltreligionen

Stereotyp = Feststehendes, Klischee
plebeia opinio = allgemeine Überzeugung, Volksmeinung
Diffamierung = Herabsetzung

13 Lesender Muslim

Aus: Fritz Kortler, Altarabische Träume

14 Die Abschiedspredigt Mohammeds

Bei seiner letzten Wallfahrt nach Mekka (632) hielt Mohammed die im folgenden Text niedergeschriebene Predigt, die sein Vermächtnis an die Gläubigen darstellt.

Lob sei Gott! So loben wir Ihn, bitten Ihn um Hilfe, flehen Ihn um Verzeihung an und wenden uns zu Ihm. Und wir suchen Zuflucht bei Gott vor den Übeln unserer selbst und unserer schlechten Taten. Wen Gott leitet, den kann niemand irreleiten, und wen Gott irregehen läßt, für den gibt es keinen, der ihn rechtleitet. Ich bezeuge, daß es keine Gottheit außer Gott gibt – Ihn allein, der keinen Gefährten hat. Sein ist das Reich, und Sein ist das Lob; Er gibt das Leben, und Er gibt den Tod, und Er ist aller Dinge mächtig. Es gibt keine Gottheit außer Gott allein; Er hat Sein Versprechen erfüllt und Seinem Diener Sieg verliehen und die verbündeten (Gegner) vernichtet. Er allein!

O ihr Leute, hört auf meine Worte; denn ich glaube nicht, daß ich und ihr wieder in einer solchen Versammlung zusammenkommen werden und daß ich nach diesem Jahr noch eine Pilgerfahrt machen werde.

O ihr Leute, Gott sagt: „O ihr Menschen, wahrlich, Wir haben euch geschaffen von einem Männlichen und einem Weiblichen und haben euch zu Völkerschaften und Stämmen gemacht, so daß ihr einander kennt. Wahrlich, der Edelste unter euch vor Gott ist der Gottesfürchtigste von euch" (Sure 49,13). Ein Araber ist nicht vorzüglicher als ein Nichtaraber, noch ein Nichtaraber vorzüglicher als ein Araber; ein Schwarzer ist nicht vorzüglicher als ein Weißer, noch ein Weißer vorzüglicher als ein Schwarzer, außer durch Frömmigkeit.

Die Menschen stammen von Adam, und Adam ist aus Staub. Wahrlich, jedes Privileg, sei es (auf Grund von) Blut oder Besitz, ist unter diesen meinen Füßen (d. h. ausgelöscht), außer der Aufsicht über die Kaaba und dem Tränken der Pilger. Dann sagte er: O ihr Quraischiten, bringt nicht weltliche Güter, für die ihr Verantwortung tragt, während andere (Werke für) das Jenseits bringen; denn ich kann nichts bei Gott für euch tun. Wahrlich, alle Dinge aus der Heidenzeit sind nun unter meinen Füßen (ausgelöscht). Die Blutrache der Heidenzeit ist aufgehoben.

O ihr Leute, wahrlich euer Blut, euer Eigentum und eure Ehre sind unantastbar, bis ihr eurem Herrn gegenübersteht, ebenso wie der heutige Tag und der jetzige Monat und diese eure Stadt heilig sind. Und ihr werdet euren Herrn treffen, und Er wird euch über eure Taten befragen.

O ihr Leute, ihr habt ein gewisses Recht über eure Frauen, und sie haben ein gewisses Recht über euch.

Wahrlich, der Frau ist es nicht erlaubt, etwas vom Besitz ihres Mannes wegzugeben, außer wenn er es gestattet.

Behandelt die Frauen freundlich, denn sie sind eure Helfer und können nicht für sich selbst einstehen. Fürchtet Gott hinsichtlich der Frauen; denn ihr habt sie genommen im Schutz Gottes und habt durch Gottes Wort legalen Verkehr mit ihnen.

O ihr Leute, Gott, der Erhabene, hat jedem, dem es zukommt, seinen Anteil (am Erbe) angeordnet, und es braucht kein Testament für einen Erben gemacht zu werden.

Wer eine andere Abstammung als seinen Vater angibt oder sich als Klienten eines anderen als seines Meisters ausgibt, auf dem ist der Fluch Gottes.

Schulden müssen bezahlt werden, Geliehenes ist zurückzugeben, Geschenke sind

zu erwidern, und der Bürger hat (allfällige Schulden) zu zahlen.
Wahrlich, ein Verbrecher ist nur für sich verantwortlich. Ein Mensch kann nicht für das Verbrechen seines Vaters verantwortlich gemacht werden, noch der Vater für das seines Kindes.
Nichts, was dem Bruder gehört, ist einem erlaubt, es sei denn, er gäbe es gern und freiwillig. Tut euch nicht selbst Unrecht. O ihr Menschen, jeder Muslim ist der Bruder des anderen, und wahrlich, die Muslime sind Brüder. Und eure Sklaven –: gebt ihnen zu essen, was ihr eßt, und kleidet sie, wie ihr euch kleidet.
Kehrt nach mir nicht zum Irrtum zurück, so daß ihr euch die Köpfe abschlagt. Wer ein Pfand hat, soll es dem zurückgeben, der es ihm anvertraut hat. Wenn euch ein schwarzer Sklave mit abgeschlagener Nase befiehlt und euch durch das Buch Gottes leitet, so hört auf ihn und gehorcht ihm!
O ihr Leute, es gibt keinen Propheten nach mir und keine (neue religiöse) Gemeinschaft, umma, nach euch.
Und ich habe euch etwas hinterlassen, wodurch ihr in der Folge nie mehr irregehen werdet, wenn ihr euch daran haltet: das Buch Gottes. Und hütet euch davor, in religiösen Dingen die Grenzen zu überschreiten, denn diejenigen, die vor euch waren, sind durch Überschreiten der Grenzen der Religion ins Verderben gestürzt worden.
Wahrlich, der Satan hat die Hoffnung aufgegeben, jemals in diesem euren Lande verehrt zu werden, aber es wird eine Art von Gehorsam ihm gegenüber geben in Dingen, die ihr für gering haltet in euren Werken, und das wird ihn befriedigen – so hütet euch vor ihm in eurer Religion.
Wahrlich, dienet eurem Herrn, betet fünfmal täglich, fastet in dem Monat (Ramadan), zahlt eure Almosensteuer auf euren Besitz mit gutem Willen und vollzieht die Pilgerfahrt zum Hause Gottes und gehorcht den Herrschenden; so werdet ihr ins Paradies eingehen.
Wer anwesend ist, künde dies dem Abwesenden, denn gar viele, denen es mitgeteilt wird, sind aufmerksamer als die, die zuhören. Und wenn ihr über mich befragt würdet, was würdet ihr sagen?
Sie antworteten: Wir bezeugen, daß du das anvertraute Gut recht gezahlt hast und die Botschaft mitgeteilt hast und uns guten Rat gegeben hast. Da sprach der Gesandte Gottes – Gott segne ihn und gebe ihm Heil –, seinen Zeigefinger gen Himmel hebend und dann auf die Leute deutend: O Gott, bezeuge es, o Gott, bezeuge es!

Aus: M. u. U. Tworuschka (Hrsg.), Vorlesebuch Fremde Religionen, Band 1

Mekka = Zentrale Stadt des Islam
Kaaba = Viereckiges Gebäude, Mittelpunkt der Moschee von Mekka
Quraischiten = Stamm der Bewohner Mekkas
umma = religiöse Gemeinschaft aller Muslime

15 Josef van Ess, Mohammed

Wahrhaftig, für die Menschen des arabischen Raumes und schließlich weit darüber hinaus war und ist Muhammad *der* religiöse Reformator, Gesetzgeber und Führer: *der* Prophet schlechthin. Ja, im Grunde ist Muhammad, der immer nur ein Mensch sein wollte, für diejenigen, die ihm nachfolgen („imitatio Mahumetis"), mehr als für uns ein Prophet: Er ist ein Lebensmodell für jene Lebensform, die der Islam sein will. Und wenn die katholische Kirche nach der Erklärung über die nichtchristlichen Religionen des Vatikanum II (1964) - man möge mir in diesem Kontext die nicht nur rituelle Zitation gestatten - „auch die *Muslime* mit Hochachtung betrachtet, die den alleinigen Gott anbeten ..., der zu den Menschen gesprochen hat": *dann* müßte meines Erachtens dieselbe Kirche - und müßten alle christlichen Kirchen - auch *den einen* „mit Hochachtung betrachten", dessen Namen in jener Erklärung aus Verlegenheit verschwiegen wird, obwohl doch er und er allein die Muslime zur Anbetung dieses einen Gottes geführt hat und nun einmal durch *ihn* dieser Gott „zu den Menschen gesprochen hat": Muhammad, den Propheten!

Aus: Hans Küng u. a., Christentum und Weltreligionen, S. 60

---

imitatio Mahumetis = Nachfolge Mohammeds
Muhammad = Mohammed

16 Die Himmelsleiterikone

(St. Katharina-Kloster, Sinai - um 150 n. Chr.)

Aus: Udo Tworuschka, Sucher - Pilger - Himmelsstürmer

17 Sure 1

Die Eröffnung (al-Fatiḥa)
zu Mekka, 7 Verse

1 Im Namen Gottes, des Erbarmers, des Barmherzigen.
2 Lob sei Gott, dem Herrn der Welten*,
3 dem Erbarmer, dem Barmherzigen,
4 der Verfügungsgewalt besitzt über den
Tag des Gerichtes. 5 Dir dienen wir, und
Dich bitten wir um Hilfe. 6 Führe uns
den geraden Weg, 7 den Weg derer, die
Du begnadet hast, die nicht dem Zorn verfallen und nicht irregehen.

* Oder: der Weltenbewohner.

Übersetzung: A. Th. Khoury

18 Sure 57/1-6

Das Eisen (al-Ḥadid)
zu Medina, 29 Verse

Im Namen Gottes, des Erbarmers, des Barmherzigen.

1 Gott preist, was in den Himmeln und
auf der Erde ist. Und Er ist der Mächtige,
der Weise. 2 Ihm gehört die Königsherrschaft der Himmel und der Erde. Er macht
lebendig und läßt sterben. Und Er hat
Macht zu allen Dingen. 3 Er ist der Erste
und der Letzte, der Sichtbare und der Verborgene. Und Er weiß über alle Dinge Bescheid. 4 Er ist es, der die Himmel und
die Erde in sechs Tagen erschuf und sich dann auf dem Thron zurechtsetzte. Er weiß, was in die Erde eingeht und was aus ihr herauskommt, was vom Himmel herabkommt und was darin emporsteigt. Und Er ist mit euch, wo immer ihr auch seid. Und Gott sieht wohl, was ihr tut.
5 Ihm gehört die Königsherrschaft der
Himmel und der Erde. Und zu Gott werden die Angelegenheiten zurückgebracht.
6 Er läßt die Nacht in den Tag übergehen,
und Er läßt den Tag in die Nacht übergehen. Und Er weiß über das innere Geheimnis Bescheid.

Übersetzung: A. Th. Khoury

19 Sure 6/151-153

151 Sprich: Kommet her, daß ich verlese,
was euer Herr euch verboten hat: Ihr sollt Ihm nichts beigesellen, und die Eltern gut behandeln; und tötet nicht eure Kinder aus Angst vor Verarmung - euch und ihnen bescheren Wir doch den Lebensunterhalt; und nähert euch nicht den schändlichen Taten, was von ihnen offen und was verborgen ist; und tötet nicht den Menschen, den Gott für unantastbar erklärt hat, es sei denn bei vorliegender Berechtigung. Dies hat Er euch aufgetragen, auf
daß ihr verständig werdet. 152 Und nähert euch nicht dem Vermögen des Waisenkindes, es sei denn auf die beste Art, bis es seine Vollkraft erreicht hat. Und gebt volles Maß und Gewicht nach Gerechtigkeit. Wir fordern von den Menschen nur das, was sie vermögen. Und wenn ihr aussagt, dann seid gerecht, auch wenn es um einen Verwandten geht. Und erfüllt den Bund Gottes. Dies hat Er euch
aufgetragen, auf daß ihr es bedenket.
153 Und dies ist mein Weg, er ist gerade.
Folgt ihm. Und folgt nicht den verschiedenen Wegen, daß sie euch nicht in verschiedene Richtungen von seinem Weg wegführen. Dies hat Er euch aufgetragen, auf daß ihr gottesfürchtig werdet.

Übersetzung: A. Th. Khoury

20 Sure 17/22–39

22 Setze Gott keinen anderen Gott zur Seite, sonst wirst du dasitzen, gescholten und im Stich gelassen. 23 Und dein Herr hat bestimmt, daß ihr nur Ihm dienen sollt, und daß man die Eltern gut behandeln soll. Wenn eines von ihnen oder beide bei dir ein hohes Alter erreichen, so sag nicht zu ihnen: „Pfui!", und fahre sie nicht an, sondern sprich zu ihnen ehrerbietige Worte. 24 Und senke für sie aus Barmherzigkeit den Flügel der Untergebenheit und sag: „Mein Herr, erbarme dich ihrer, wie sie mich aufgezogen haben, als ich klein war." 25 Euer Herr weiß besser, was in eurem Inneren ist. Wenn ihr rechtschaffen seid, so ist Er für die, die immer wieder umkehren, voller Vergebung. 26 Und laß dem Verwandten sein Recht zukommen, ebenso dem Bedürftigen und dem Reisenden, aber handle nicht ganz verschwenderisch. 27 Diejenigen, die verschwenderisch sind, sind Brüder der Satane; und der Satan ist gegenüber seinem Herrn sehr undankbar. 28 Und falls du dich von ihnen abwendest im Streben nach einer von dir erhofften Barmherzigkeit von deinem Herrn, so sprich zu ihnen milde Worte. 29 Und laß deine Hand nicht an deinem Hals gefesselt sein, aber strecke sie auch nicht vollständig aus. Sonst würdest du getadelt und verarmt dasitzen. 30 Dein Herr teilt den Lebensunterhalt großzügig, wem Er will, und auch bemessen zu. Er hat Kenntnis von seinen Dienern, und Er sieht sie wohl. 31 Und tötet nicht eure Kinder aus Furcht vor Verarmung. Ihnen und euch bescheren Wir doch den Lebensunterhalt. Sie töten ist eine große Sünde. 32 Und nähert euch nicht der Unzucht. Sie ist etwas Schändliches, und sie ist ein übler Weg. 33 Und tötet nicht den Menschen, den Gott für unantastbar erklärt hat, es sei denn bei vorliegender Berechtigung. Wird jemand ungerechterweise getötet, so geben Wir seinem nächsten Verwandten Vollmacht (ihn zu rächen). Nur soll er nicht maßlos im Töten sein; siehe, er wird Beistand finden. 34 Und nähert euch nicht dem Vermögen des Waisenkindes, es sei denn auf die beste Art, bis es seine Vollkraft erreicht hat. Und erfüllt eingegangene Verpflichtungen. Über die Verpflichtungen wird Rechenschaft gefordert. 35 Und gebt volles Maß, wenn ihr meßt. Und wägt mit der richtigen Waage. Das ist besser und führt zu einem schöneren Abschluß. 36 Und verfolge nicht das, wovon du kein Wissen hast. Über Gehör, Augenlicht und Herz, über all das wird Rechenschaft gefordert. 37 Und schreite nicht unbekümmert auf der Erde einher. Du wirst ja die Erde nicht durchbohren und die Berge an Höhe nicht erreichen können. 38 Das schlechte Verhalten in alledem ist bei deinem Herrn verpönt. 39 Das ist etwas von dem, was dir dein Herr an Weisheit offenbart hat. Und setze Gott keinen anderen Gott zu Seite, sonst wirst du in die Hölle geworfen, getadelt und verstoßen.

Übersetzung: A. Th. Khoury

21 Drei Gebete

Gebet A
Zu dir, o Gott, erwache ich in dieser Morgenstunde. Das erste Wort, das meine Zunge ausspricht ist: Gott, mein Vater! Meine erste Freude ist, daß du bist, und daß du mein Vater bist. Von dir ist alles Gute, das ich bin und habe. Wessen sollte ich sein, wenn ich nicht dein wäre? Alles ist dein Werk, darum sei alles zu deiner Verehrung geheiligt. Alles, was ich bin und habe, sei nur dazu tätig, deinen Willen zu erfüllen. Vater, dein bin ich heute und allezeit. Dein Wille geschehe an mir und an allem, was mein ist. Vater, segne meinen Vorsatz, den ich jetzt in dieser Morgenstunde vor deinem Angesicht gefaßt, daß ich am Abend nicht zu bereuen habe.

Gebet B
O Gott, du bist mein Herr. Es gibt keinen Gott außer dir. Du hast mich erschaffen. Ich bin dein Knecht, und ich harre in deinem Bund und in deiner Verheißung aus, so gut ich kann. Ich suche Zuflucht bei dir vor dem Bösen meiner Taten. Ich bekenne deine Gnade zu mir und ich bekenne meine Schuld, so vergib mir, denn keiner vergibt die Sünden außer dir!

Gebet C
Erhoben und geheiligt
werde Sein großer Name
in der Welt,
die Er nach Seinem Willen erschaffen.
Er lasse Sein Reich kommen
in eurem Leben und in euren Tagen
[...]
bald und in naher Zeit.
Darauf sprecht Amen.

Sein großer Name sei gepriesen
in Ewigkeit und Ewigkeit der Ewigkeiten!

Gepriesen und gelobt,
verherrlicht und erhoben,
erhöht und gefeiert,
hocherhoben und bejubelt
werde der Name des Heiligen, gelobt sei Er,
obwohl Er erhoben ist
über allen Preis und Gesang,
über Lob und Lied,
Huldigung und Trost,
die in der Welt gesprochen werden.
Darauf sprecht Amen.

Des Friedens Fülle und Leben
möge vom Himmel herab
uns [...] zuteil werden.
Darauf sprecht Amen.
Der Frieden stiftet in Seinen Höhen,
gebe auch uns Frieden
[...]
Darauf sprecht Amen.

22 Ein Text aus der Hausa-Bibel

Hausa, Mk 1.1–4

1 Farkon Bisharar Yesu Almasihu, Dan Allah,

2 Yadda ya ke a rubuce a littafin Annabi „Ga shi na aiko manzona ya riga ka gaba, Wanda zai shirya maka hanya.

3 Muryar mai kira a jeji na cewa, Ku shirya wa Ubangiji tafarki, Ku mike hanyoyinsa."

4 Yohana Maibabtisma ya bayyana a jaji, yana tuba a yi musu babtisma don a gafarta musu

Deutsch, Mk 1.1–4

1 Das ist die Gute Nachricht über Jesus Christus, Sohn Gottes.

2 Es begann, wie der Prophet Jesaja geschrieben hat. Hier ist mein Bote, sagt Gott, ich will ihn vorausschicken, damit er alles vorbereitet.

3 Jemand ruft mit lauter Stimme in der Wüste:

4 Richtet den Weg, damit der Herr einziehen kann. Baut ihm eine gute Straße!

Aus: Hedtke/Sorg/Eichhorn, Christsein heute – Fundamente

23 Die Schönsten Namen Gottes nach dem Koran und der Tradition

(Al-Asma' al-husna)

Gott,
der Erbarmer, der Barmherzige,
der König, der Heilige, das Heil,
der, der Gewißheit gibt, der Beschützer, der Mächtige,
der Gewaltige, der Stolze,
der Schöpfer, der Erschaffer, der Gestalter,
der Verzeihende, der Besiegende, der Freigebige, der Versorgende, der Ebnende,
der Wissende, der, der eng macht, der, der weit macht,
der, der erniedrigt, der, der erhöht,
der, der Macht verleiht, der, der demütigt,
der Hörende, der Sehende,
der Richter, der Gerechte,
der Feinfühlige und Kluge, der Kundige, der Milde, der Großartige,
der Vergebende, der Dankbare,
der Erhabene, der Große,
der Hüter, der Ernährer, der Abrechnende,
der Ehrwürdige, der Vortreffliche,
der Bewacher, der Erhörende,

der Umfassende, der Weise, der Liebreiche, der Glorreiche, der Wiedererweckende,
der Zeuge, der Wahrhaftige, der Sachwalter,
der Starke, der Standhafte, der Freund,
der, der des Lobes würdig ist, der Erfassende (Aufzeichnende),
der, der beim ersten Mal erschaffen hat, der, der wieder erschaffen wird,
der Lebensspendende, der, der sterben läßt,
der Lebendige, der in sich Bestehende,
der ins Dasein Rufende, der Edle,
der Eine,
der Souveräne, der Mächtige, der Allmächtige, der, der die Dinge früher schickt, der, der die Dinge später schickt,
der Erste, der Letzte, der Offenbare, der Verborgene, der Herrschende,
der Transzendente,
der Gütige, der Gnädige, der Rächer, der Nachsichtige, der Mitleidige,
der, der die Königsherrschaft besitzt,
der, der die Majestät und die Verehrung besitzt,
der gerecht Handelnde, der Versammelnde,
der Reiche, der reich Machende,
der Verbietende, der, der Schaden schickt, der, der Nutzen schickt,
das Licht, der Rechtleitende,
der ohnegleichen Schaffende,
der Bleibende, der alles Erbende,
der, der auf den rechten Weg bringt,
der Geduldige.

Aus: A.Th. Khoury, Gebete des Islams

24 Zwei Korantexte

Sure 4/171

O ihr Leute des Buches, übertreibt nicht in eurer Religion und sagt über Gott nur die Wahrheit. Christus Jesus, der Sohn Marias, ist doch nur der Gesandte Gottes und sein Wort, das er zu Maria hinüberbrachte, und ein Geist von Ihm. So glaubt an Gott und seine Gesandten. Und sagt nicht: Drei. Hört auf, das ist besser für euch. Gott ist doch ein einziger Gott. Gepriesen sei Er und erhaben darüber, daß Er ein Kind habe. Er hat, was in den Himmeln und was auf der Erde ist.

Sure 41/6

Sprich: Ich bin nur ein Mensch wie ihr; mir wird offenbart, daß euer Gott ein einziger Gott ist. So verhaltet euch Ihm gegenüber recht und bittet Ihn um Vergebung. Und wehe den Polytheisten.

Übersetzung: A.Th. Khoury

25 Islamische Feiertage

Ramazan
Türkische Bezeichnung des Fastenmonats (arabisch: Ramadan). In ihm wurde Mohammed die Offenbarung zuteil. Von der Morgendämmerung bis zum Sonnenuntergang enthält sich der gläubige Muslim des Essens, Trinkens, Rauchens und des Geschlechtsverkehrs. Nach Sonnenuntergang treffen sich Familien und Nachbarn zum gemeinsamen Essen.

Nacht der Bestimmung
eine der fünf heiligen Nächte (27. Nacht im Fastenmonat; türkisch: kadir geçesi): Gedächtnis der Offenbarung der ersten fünf Verse der Koran-Sure 96 an Mohammed.

Fest des Fastenbrechens
türkisch: Şeker Bayrami; arabisch: 'Id al fitr, auch „kleines Fest" genannt: Abschluß des Fastenmonats. Der türkische Name meint wohl zunächst „Dankfest", wird heutzutage aber damit in Verbindung gebracht, daß Süßigkeiten als Geschenke verteilt werden. Zu diesem Tag gehört ein besonderes Feiertagsgebet. Über Tag werden Besuche gemacht.

Opferfest
türkisch: Kurban Bayrami; arabisch: 'id al adha. Höchstes Fest des Islam. Für die meisten Muslime Erinnerung an die von Abraham erwartete Opferung seines Sohnes (Ismail!). Familien schächten ein Opfertier, meist ein Schaf.

Neujahr
Das islamische Mondjahr beginnt mit dem Gedächtnis der Auswanderung aus Mekka im Jahre 622. Wegen der Abhängigkeit vom Mondzyklus ist das islamische Jahr kürzer als unser Sonnenjahr. Der Neujahrstag muß deshalb immer wieder neu bestimmt werden.

Aschura
der zehnte Tag des ersten islamischen Monats: an diesem Tag soll Noah die Arche verlassen haben. In der schiitischen Tradition gedenkt man an diesem Tag der Ermordung Husseins: darum ist es ein Fasttag.

Mevlid Kandili
Eine der fünf heiligen Nächte: Geburtstag des Propheten.

Für die Ansetzung der islamischen Feiertage ist Grundlage das Mondjahr, was in jedem Jahr zu neuen Daten für die Feste führt. Nach traditionell islamischer Auffassung dürfen die Daten der Monatsanfänge nicht wissenschaftlich vorausberechnet werden, sondern sind erst durch Beobachtung (erstes Erscheinen der zunehmenden Mondsichel) festzustellen und danach zu verkünden. Das führt dazu, daß die islamischen Feiertage in verschiedenen Ländern zu unterschiedlichen Terminen gefeiert werden können: Eine Differenz von ein bis zwei Tagen ist möglich.
Als mehrtägige Hauptfeste werden das Fest des Fastenbrechens und das Opferfest gefeiert, sie sind in islamischen Ländern (so in der Türkei) auch offizielle Feiertage. Die fünf „heiligen Nächte" beeinträchtigen zeitlich nicht das öffentliche Arbeitsleben und sind auch sonst mehr der Volksfrömmigkeit zuzuordnen. Außerhalb des türkischen Islam werden sie (vielleicht mit Ausnahme der Nacht der Bestimmung) auch kaum begangen.

Aus: Luth. Kirchenamt (Hrsg.), Was jeder vom Islam wissen muß

26 Islamischer Festkalender

1993

23. Februar	Beginn des Fastenmonats
20./21. März	Nacht der Bestimmung
24. März	Fest des Fastenbrechens
1. Juni	Opferfest
21. Juni	Beginn des islamischen Jahres 1414
30. Juni	Aschura-Fest
29./30. August	Mevlid Kandili

1994

12. Februar	Beginn des Fastenmonats
9./10. März	Nacht der Bestimmung
13. März	Fest des Fastenbrechens
21. Mai	Opferfest
11. Juni	Beginn des islamischen Jahres 1415
20. Juni	Aschura-Fest
18./19. August	Mevlid Kandili

1995

1. Februar	Beginn des Fastenmonats
26./27. Februar	Nacht der Bestimmung
3. März	Fest des Fastenbrechens
10. Mai	Opferfest
31. Mai	Beginn des islamischen Jahres 1416
9. Juni	Aschura-Fest
8./9. August	Mevlid Kandili

1996

21. Januar	Beginn des Fastenmonats
15./16. Februar	Nacht der Bestimmung
20. Februar	Fest des Fastenbrechens
28. April	Opferfest
19. Mai	Beginn des islamischen Jahres 1417
28. Mai	Aschura-Fest
27./28. Juli	Mevlid Kandili

1997

10. Januar	Beginn des Fastenmonats
4./5. Februar	Nacht der Bestimmung
9. Februar	Fest des Fastenbrechens
18. April	Opferfest
9. Mai	Beginn des islamischen Jahres 1418
18. Mai	Aschura-Fest
16./17. Juli	Mevlid Kandili
31. Dezember	Beginn des Fastenmonats

1998

25./26. Januar	Nacht der Bestimmung
29. Januar	Fest des Fastenbrechens
7. April	Opferfest
27. April	Beginn des islamischen Jahres 1419
6. Mai	Aschura-Fest
5./6. Juli	Mevlid Kandili
20. Dezember	Beginn des Fastenmonats

1999		2000	
14./15. Januar	Nacht der Bestimmung	3./4. Januar	Nacht der Bestimmung
19. Januar	Fest des Fastenbrechens	8. Januar	Fest des Fastenbrechens
28. März	Opferfest	16. März	Opferfest
17. April	Beginn des islamischen Jahres 1420	6. April	Beginn des islamischen Jahres 1421
26. April	Aschura-Fest	15. April	Aschura-Fest
25./26. Juni	Mevlid Kandili	14./15. Juni	Mevlid Kandili
9. Dezember	Beginn des Fastenmonats	26. November	Beginn des Fastenmonats
		21./22. Dezember	Nacht der Bestimmung
		26. Dezember	Fest des Fastenbrechens

In Anbetracht der Tatsache, daß die Mehrheit der Muslime in Deutschland aus der Türkei kommt, beruht der abgedruckte Kalender der islamischen Feiertagstermine bis zum Jahre 2000 aus Auskünften der türkischen Behörde für religiöse Angelegenheiten. Dort hat man sich mit einigen anderen islamischen Ländern darauf verständigt, wissenschaftliche Berechnungen für die Festlegung der Daten zu akzeptieren. Die Daten bis zum 12. Juli 1991 sind offiziell vereinbart und festgelegt worden, die restlichen Daten sind die türkischen Vorschläge für die „Kalenderkommission Islamischer Länder“.

Aus: Luth. Kirchenamt (Hrsg.), Was jeder vom Islam wissen muß

27 Udo Kelch, Das Beiramfest

Wir wohnen in Berlin, in einem großen Mietshaus mit vielen Wohnungen. Seit einem halben Jahr wohnt auch eine türkische Gastarbeiterfamilie in diesem Haus. Sie sind Muslime. Sie glauben an Allah und leben nach den Lehren des Propheten Mohammed. Sie haben zwei Kinder. Der Junge heißt Halef, das Mädchen Mirjam. Wir haben uns schon etwas mit ihnen angefreundet. Am Weihnachtsabend hatten wir sie zu uns eingeladen. Sie kannten Weihnachten gar nicht. Über den Lichterbaum haben sie sehr gestaunt. Als wir ihnen unsere Geschenke gaben, waren sie ganz verlegen. Sie wußten nicht, wie sie sich bedanken sollten. Man merkte, daß sie sich freuten. Aber sie können erst sehr wenig Deutsch sprechen.

Später wurden wir von ihnen zum Beiramfest eingeladen. Beiramfest? Das war komisch. Davon hatten wir nie gehört. Wahrscheinlich ist es für uns genauso komisch wie Weihnachten für die Muslime. Halef erklärte es uns: „Wir Muslime einmal im Jahr fasten. Gar nicht essen und trinken. Einen Monat lang. Monat heißt Ramadan."

Barbara, meine Schwester – ich heiße übrigens Michael –, konnte sich das gar nicht vorstellen. „Einen ganzen Monat lang? Muß man da nicht verhungern?" Halef mußte lachen: „Ist nicht so schlimm. In der Nacht dürfen wir essen. Nur am Tag nicht!"

„Mußt du auch fasten, Halef?" wollte meine Schwester wissen. „Ich nicht", sagte er, „nicht Kinder, nicht alte Leute, nicht kranke Leute, nicht Leute auf der Reise!" „Und wenn der Monat zu Ende ist ... wie heißt der noch? (Barbara kann sowas aber auch gar nicht behalten.) Und was ist dann?" fragte Barbara. „Dann ist Beiramfest", sagte Halef, „dann ist Ende von Fasten, dann warten wir auf Dunkelheit."

„Und dann, wie feiert ihr? Auch mit einem Lichterbaum, auch mit Geschenken?"

Halef machte ein geheimnisvolles Gesicht: „Ich verrate nicht!"

Dann war es soweit. Ich durfte mit Halef und seinem Vater zusammen in die Messehallen am Funkturm fahren. Dort sollte für die türkischen Gastarbeiter der große Gottesdienst gehalten werden. Tausende von Männern knieten in langen Reihen in der großen Halle. Alle hatten das Gesicht in eine Richtung gewendet – nach Mekka. Mekka in Arabien ist ihre heilige Stadt. Aus Mekka ist ihr Prophet Mohammed gekommen. Dort gibt es die Kaaba, einen heiligen schwarzen Stein. Sie machen immer Wallfahrten dorthin.

Von den Gebeten und der Predigt habe ich nichts verstanden. Aber etwas kann ich nicht vergessen. Sie hatten einen Vorbeter. Der sang mit mächtiger Stimme. Und immer, wenn er „Allahu akbar" sang (das bedeutet: Gott ist groß), dann knieten alle nieder und berührten mit dem Kopf die Erde. Immer wieder tönte dieses „Allahu akbar" durch die weite Halle, und wie ein Mann beugte sich die Menge zur Erde nieder.

Zum Schluß des Gottesdienstes verneigten sich alle zuerst nach rechts und dann nach links und wünschten sich dabei gegenseitig den Frieden und das Erbarmen Gottes. – So hat es mir Halef später erklärt.

Danach standen alle auf, und in freudiger Stimmung strömten wir zur U-Bahn, um möglichst schnell nach Hause zum großen Festmahl zu kommen. In der Bahn fiel mir auf, daß alle Türken neue, festliche Kleidung trugen. Ich machte Halef darauf aufmerksam. „Das ist so bei Beiramfest", sagte er, „da wir alle haben neue Kleider." Zu Hause waren schon viele Verwandte und Freunde versammelt, die nun stürmisch begrüßt wurden. Alle umarmten sich, wünschten sich Glück und beschenkten sich mit kleinen Aufmerksamkeiten. Bald darauf setzten wir uns um den großen Tisch, und Halefs Mutter trug auf einer schönen Platte einen prächtigen Hammelbraten herein. Wir ließen ihn uns schmecken. Dann erinnerte der Hausvater an die alte Sitte, zum Beiramfest armen Glaubensgenossen eine Freude zu machen. Halef erklärte es mir. Es wurden Päckchen gepackt und von einigen Männern zu Landsleuten gebracht, die ohne Arbeitserlaubnis nach Berlin gekommen waren und die in großer Not lebten.

Immer mehr Freunde und Bekannte kamen und gingen. Auch unsere Eltern wurden eingeladen. Unsere Mutter wollte zuerst nicht, aber Vater hat sie dann doch noch überreden können. Es wurde gesungen, gelacht und getanzt. Einige Männer zeigten einen alten türkischen Tanz. Mit ausgebreiteten Armen drehten sie sich dabei langsam im Kreis. Das sah sehr lustig aus. Wir waren begeistert und klatschten im Takt mit.

Plötzlich wurde stark an die Tür geklopft. Alle wurden still und sahen sich beklommen an. Halefs Vater öffnete die Tür. Wir hörten die Stimme unserer Hauswartsfrau: „Jetzt reicht's mir aber! Das geht hier ja zu wie bei den Hottentotten. Das kann ja kein Mensch aushalten! Wir sind doch hier in Deutschland. Hier hat Ruhe und Ordnung zu herrschen." Auf der Treppe schimpfte sie noch weiter: „So ein hergelaufendes Gesindel!"

Halefs Vater schloß langsam die Tür. Die Stimmung war hin. Einige versuchten noch weiterzuerzählen vom Beiramfest in ihrer Heimatstadt, von den Böllerschüssen, die das Ende des Ramadan ankündigten, von den mit Lichterketten geschmückten Moscheen, vom Besuch der Gräber. Aber sie waren jetzt ganz bedrückt. Einer nach dem anderen verabschiedete sich und ging leise hinaus. Schließlich auch wir. Halef blickte mich traurig an.

Warum dürfen Türken nicht auch einmal fröhlich sein?

Aus: Luth. Kirchenamt (Hrsg.), Was jeder vom Islam wissen muß

28 Reinhold Messner, Ab in die Arktis

Reinhold Messner zieht es in die nördliche Eiswüste *Bild: VAT*

Ab in die Arktis

Messner will im Januar Grönland durchqueren

MÜNCHEN – Extrem-Bergsteiger Reinhold Messner beginnt das neue Jahr mit einem abenteuerlichen Unterfangen: Mitte dieses Monats will er nach Grönland aufbrechen, um die Eiswüste in einem rund sechswöchigen Fußmarsch in Ost-West-Richtung zu durchqueren.

Zwei Norweger werden den Südtiroler Extrembergsteiger, Abenteurer und Buchautor auf seiner waghalsigen Expedition begleiten. Zu erwarten haben Reinhold Messner, Ott Eyerson und Stein Asheim auf ihrer Winterdurchquerung nichts als eisige Stürme, bissige Kälte und die fast 24 Stunden dauernde arktische Nacht.

„Eine Herausforderung, die schwer zu ertragen ist", sagte Messner gestern in München, wo er derzeit die letzten Vorbereitungen für seine Grönland-Durchquerung trifft. Und dennoch ist

das ganze Abenteuer nur die Vorbereitung für eine noch waghalsigere Expedition im ewigen Eis, über deren Ziel und Zeitpunkt Messner derzeit noch keine Auskunft geben will.
Bei seiner Winterdurchquerung stützt sich Reinhold Messner neben seinen Erfahrungen in den Gletscherregionen der Achttausender vor allem auf die Erkenntnisse, die er bei seinem Antarktisabenteuer mit Arved Fuchs gesammelt hat. Messner und seine norwegischen Kameraden werden sich auf Skiern fortbewegen und ihre Ausrüstung auf Schlitten nachziehen. Wenn es die Witterungsverhältnisse erlauben, wollen sie zeitweise Segel auf die Schlitten setzen und sich vom Wind über das Eis tragen lassen. Sollte das Vorhaben gelingen, sind die drei Bergsteiger die ersten Menschen, denen die Durchquerung Grönlands im Winter geglückt ist.
Das letzte bürokratische Hindernis hat Reinhold Messner vor wenigen Tagen überwunden: Die dänische Regierung, zu deren Hoheitsgebiet Grönland gehört, hat ihre endgültige Einwilligung für das eisige Unterfangen erteilt. Der Weg für das neue Abenteuer ist frei.

Aus: „Sonntag aktuell“ vom 5. Januar 1992

29 Die Wallfahrt nach Santiago de Compostela

Tilman Riemenschneider: Jakobus der Ältere (Windsheimer Altar in Heidelberg)

Kurpfälzisches Museum, Heidelberg

Detlef Willand: Der Weg (in Auszügen)

Der Weg nach Santiago de Compostela ist ein Pilgerweg. Eigentlich sind alle alten Pilgerwege Initiationswege, Einweihungswege. Der Mensch macht auf dem Weg bestimmte Erfahrungen, die auf seine Psyche einwirken, ihn verändern können.
Deshalb ist der Weg wichtig, nicht das Ziel. Das „Ziel" Santiago de Compostela liegt im äußersten Nordwesten Spaniens, nahe dem Cap Finisterre am Atlantik. Finisterre kommt von finis terrae, dem Ende der Welt. Zu diesem Ende der Welt pilgerten schon Kelten, lange vor Christi Geburt. Daß die Gebeine des Apostels Jakobus dorthin gelangten, erscheint dem Einen ein Wunder, dem Anderen ein listiger Trick zu sein. Es ist keines von beiden. Wahrscheinlich brachte man die Reliquien von Südspanien vor den eindringenden Arabern dorthin in Sicherheit.
Santiago liegt in der Provinz Galicia. Der Name verrät uns die Herkunft der Einwohner. Es sind Gallier, also Kelten. Es spricht viel dafür, daß der Santiagoweg ein Weg war, auf dem vor allem keltische Esoterik durch Europa gewandert ist. Da gibt es geheimnisvolle Verbindungen von den Druiden über die Katharer und Templer bis zu den Dombauhütten des Mittelalters und den Freimaurern des achtzehnten Jahrhunderts.
Als ich von zu Hause aufbrach, hatte ich keinen festen Plan, welche Strecke ich wählen sollte. Ich ging erst einmal einfach so in Richtung Santiago. Auf einsamen Pfaden, abseits bekannter Wege durchquerte ich die Alpen. Auch in Frankreich hielt ich mich schön abseits, überquerte bei Privas die Rhône, dann die einsamen Cevennen. Endlich durchs Languedoc und das Béarn bis nach St. Jean Pied-de-Port, wo sich die drei klassischen Pilgerwege des Mittelalters, der Englische, der Französische und der Deutsche, zu dem berühmten „chemin de St. Jacques" vereinen. Hinter den Pyrenäen, die der Pilger über den geschichtsträchtigen Pass von Roncesvalles überschreitet, liegt Pamplona. Weiter durch Navarra, die einsamen tierra de campos Kastiliens und über ein letztes Gebirge nach Galizien, wo ein wenig die Zeit stehengeblieben zu sein scheint. Schließlich das prächtige Santiago und das einsame Kap Finisterre.
Ein langer, endlos langer Weg! Ihn zu begehen ist ein Wagnis. Aber das größte Wagnis ist, den ersten Schritt zu tun. In ihm, in diesem ersten Schritt liegt der ganze Weg.
Für einen der auf dem Weg ist, ist es wichtig, daß er ihm ausgesetzt ist. Den alten Santiagopilgern rief man zu: „Wirf Dich weg"! Das bedeutete, daß man ihn aufforderte sein Ego wegzuwerfen.
In den einsamsten Stunden, wenn der Gedanke an das Umdrehen, an das Aufhören, fast übermächtig wird, dann begegnen sie dem Pilger.
Es sind diejenigen, die vor ihm diesen Weg gegangen sind. Sie haben tiefe Furchen in den Boden getreten. Hohlwege, oft metertief und vom Ginster ganz verwachsen.
Diese Spur, wie eine Narbe, getränkt von Schweiß und Tränen, zieht sich schnurgerade über Tal und Hügel ohne Umschweife nach Westen.
So weit das Auge reicht, ist da nichts als flaches, glühendes Land unter einem riesigen Himmel. Tag für Tag. Kein Baum, kein Strauch, kaum Wasser. Nichts. Die große Leere.
Angesichts dieser Größe wird alles andere klein. Die Probleme, die eigene Wichtigkeit, aber auch der Mut.
Da ist es gut, Gefährten zu finden. Weggenossen.

Einer, der den großen Weg geht, der kann dem Tod nicht ausweichen. Dieser ist bald da und geht mit ihm. Wenn er versucht, davonzulaufen, so springt er ihm auf den Rücken und drückt dem Flüchtenden den Atem zu.
Da ist es schon besser, man fängt ein Gespräch mit ihm an.
Es gibt einiges, das sehr lohnend ist von ihm zu erfahren.
So etwa, wie wahr die alte Erinnerung, um wieviel lebenswerter das Leben gerade in seiner unmittelbaren Nähe ist. Und er ist immer in unmittelbarer Nähe.
Die unerbittliche Härte des Weges lenkt die Aufmerksamkeit auf die einfachen Dinge zurück. Auf den Schmerz und die Müdigkeit, auf das Wasser in der Flasche, auf den Schuh und den Fuß. Eine zerrissene Sandale ist eine schlimme Sache.
Der Weg hat kein Ziel im üblichen Sinne, es gibt keinen Anfang, es gibt kein Ende. Santiago de Compostela ist nur ein Punkt auf der Linie.
Zugegeben ein sehr schöner Punkt, aber eben nur eine Station. Der Weg geht weiter und schließlich folgt auch er dem Gesetz der Krümmung, und irgendwann und irgendwo werden Ende und Anfang wieder identisch sein. In Santiago ist der Weg nicht zu Ende, und den Angekommenen erwarten dort keine Wunder.
Wenn es ein Wunder gibt, dann ist es der Weg selbst. Die Botschaft des Weges ist, daß da außerhalb unseres Selbst nichts zu erreichen ist, kein Ziel zu finden ist. Diese Tatsache macht uns zunächst hoffnungslos, sie beängstigt uns ungeheuer. Aber dann, wenn wir sie akzeptieren, dann können wir erkennen, daß wir das „Ziel" immer wieder neu formulieren, immer wieder neu aus uns heraus schöpfen dürfen. So begreife ich das Wort des großen Lao Tse: Der Weg ist das Ziel.

Aus: Detlef Willand, Der Weg

30 Die Wallfahrt nach Mekka

Die Rituale:
Jeder erwachsene Muslim soll einmal im Leben eine Wallfahrt nach Mekka unternehmen, sofern ihn nicht finanzielle, gesundheitliche, politische oder andere zwingende Gründe davon abhalten.
Der vorgeschriebene Zeitpunkt für die Pilgerfahrt ist zehn Wochen nach dem Fastenbrechen am Ende des Monats Ramadan. Im Mittelpunkt der Wallfahrt steht die Erinnerung an den Bau der Kaaba durch Abraham. „Das erste Gotteshaus, das den Menschen aufgestellt worden ist, liegt in Mekka zum Segen und zur Rechtleitung der Menschen in aller Welt ... Es ist der heilige Platz Abrahams. Wer ihn betritt, ist in Sicherheit. Und die Menschen sind Gott gegenüber verpflichtet, die Wallfahrt nach dem Haus zu machen, sofern sie dazu eine Möglichkeit finden ...“ (3,96).
Vor Beginn der Wallfahrt muß sich der Pilger in einen Weihezustand versetzen. Er tauscht deshalb seine Alltagskleider gegen das Pilgergewand. Die Wallfahrtszeremonie besteht aus mehreren Teilen: In Mekka angekommen, umläuft der Pilger die Kaaba siebenmal. Manche küssen eventuell den schwarzen Stein, der in einer Ecke eingemauert ist. Wenn möglich, trinkt er auch Wasser aus dem Zamzam-Brunnen. Diese Elemente gehören jedoch nicht zum Pflichtbestandteil der Wallfahrt. Anschließend läuft er zwischen den Hügeln Safa und Marwa dreimal hin und zurück und einmal wieder hin (2,158). Nachdem die Pilger eine Predigt gehört haben, ziehen sie in Gruppen zum Berg Arafat und von dort zur Stadt Mina, wo sie die Nacht verbringen. Als Höhepunkt der Wallfahrt wird nach Sonnenaufgang der Berg Arafat bestiegen. Dort steht der Gläubige Gott mit vorbehaltloser Hingabe gegenüber. Die Erfahrung der überwältigenden Nähe Gottes drückt der Gläubige dadurch aus, daß er den Satz: „Da bin ich, Herr“ mehrfach wiederholt. Nach Sonnenuntergang ziehen die Pilger über Muzdalifa zurück nach Mina, wo sie eine große Anzahl von Steinchen auf drei verschiedene Steinsäulen werfen, was eine symbolische Steinigung des Teufels bedeutet. Danach findet ein großes Opferfest zur Erinnerung an das Opfer Abrahams statt (37,107).
Auch bei der Wallfahrt steht der Gedanke der Gleichheit und Zusammengehörigkeit der Muslime im Mittelpunkt, was durch das gleiche Pilgergewand für arm und reich symbolisiert wird. Außerdem bot die Wallfahrt von jeher die Möglichkeit für Muslime in aller Welt, Gedanken auszutauschen und Kontakte zu pflegen. Nicht selten erfuhren Muslime während der Wallfahrt neue Ideen und versuchten, nach ihrer Rückkehr Reformen einzuleiten. Die Wallfahrt entwickelt also auch politisches Potential.

Aus: M. u. U. Tworuschka, Vorlesebuch fremde Religionen, Band 1

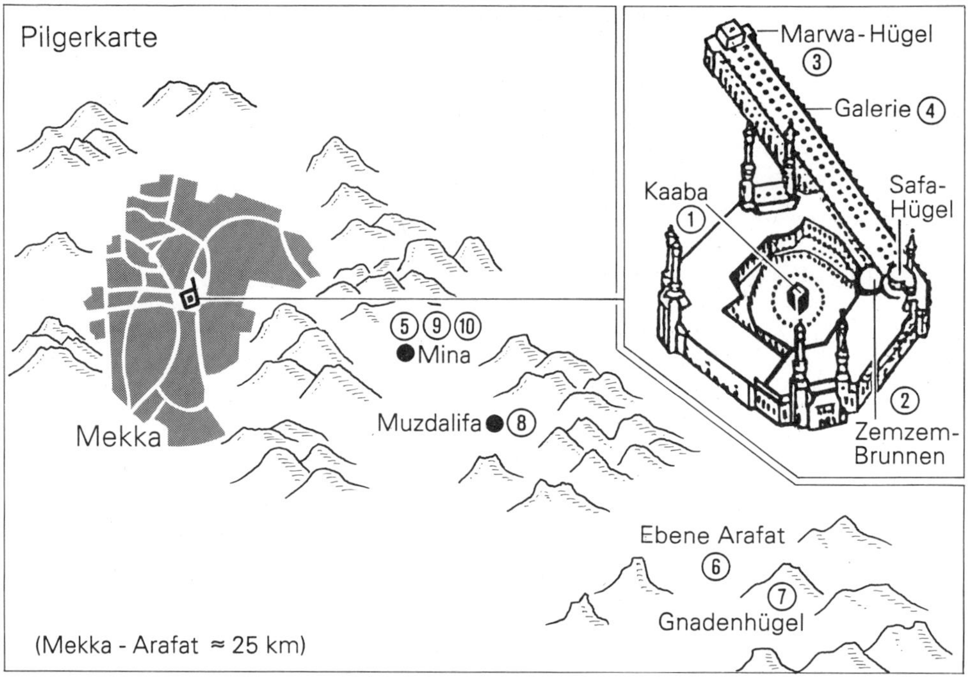

Die Stationen:

1. Kaaba (siebenmaliges Umkreisen zur Begrüßung)
2. Zemzemquelle mit Safahügel
3. Marwahügel
4. Galerie zwischen Safahügel und Marwahügel (~ 400 m lang; siebenmaliges Hin- und Herlaufen)
5. Mina (Übernachtung auf dem Weg nach Arafat)
6. Ebene Arafat
7. Gnadenhügel (Ort der Abschiedspredigt Mohammeds)
8. Muzdalifa (Übernachtung bei der Rückkehr nach Mekka)
9. Steinigung der drei Teufel in Mina
10. Schlachtopfer in Mina
11. Kaaba (siebenmaliges Umkreisen zum Abschied)
12. Galerie zwischen Safahügel und Marwahügel (siebenmaliges Hin- und Herlaufen zum Abschied)

Der Inhalt:

1. Begrüßung
2.–4. Erinnerung an Not, Leid und Errettung
5.–8. Erinnerung an Gottes Güte und Gnade
9.+10. Absage an das Böse und Freudenfest
11.+12. Abschied

Aus: Heck/Wöbcke, Arabische Halbinsel

31 Margot Bickel, Geh deinen Weg

Geh deinen Weg
wie ich den meinen suche
zu dem Ziel
Mensch zu werden
unterwegs
begegnen wir
der Wahrheit
der Freiheit
und uns selbst
unterwegs
wächst und reift
eine Weggemeinschaft
die uns befähigt
anderen
Rastplatz zu sein
und
Wegweiser

du und ich
gehen
den Weg

Aus: Bickel/Steigert, Geh deinen Weg

32 Die fünf Säulen des Islam

Gott wohlgefällig lebt der Mensch, wenn er Muslim sei und als solcher die sogenannten fünf „Säulen" des Islam erfülle. Unter diesen „Säulen" sind die Hauptpflichten des rechtgläubigen Muslims zu verstehen.
Es sind die folgenden:

1. Das Glaubensbekenntnis (schahada)
Es ist wörtlich für den einen Gott und seinen Propheten in arabischer Sprache abzulegen und lautet: „Ich bezeuge, daß kein Gott ist außer Allah; und ich bezeuge, daß Mohammed der Gesandte Allahs ist."

Voraussetzung der Annahme des Glaubensbekenntnisses durch Allah ist, daß es nicht nur als Lippenbekenntnis gesprochen wird, sondern daß der Beter völlig hinter dem Inhalt des Gebets steht. Für den Fall, daß der Sprecher das Gesagte nicht glaubt, erwartet ihn am Tage der Auferstehung eine schreckliche Strafe.

2. Das Gebet (salat)

Es handelt sich hierbei um die vom Koran vorgeschriebenen Gebete, die fünfmal täglich zu angegebener Zeit zu verrichten sind.

Die vorgegebenen Gebetszeiten sind:

a) morgens,
b) mittags,
c) nachmittags,
d) abends,
e) nachts.

Der Legende nach erhielt Mohammed den ersten Auftrag zur Verrichtung der fünf Gebete bei seiner wunderbaren Reise nach Jerusalem und der dort erfolgten „Himmelfahrt". Gott beauftragte ihn, die Gläubigen fünfzigmal an jedem Tag beten zu lassen. Mohammed konnte jedoch auf Anraten des Mose schließlich erreichen, daß die Zahl auf fünf Gebete je Tag reduziert wurde mit der Versicherung, daß jeder, der die fünf Gebete recht spricht, genausoviel Lohn von Gott erhält, wie wenn er fünfzig sprechen würde.

Neben diesen vorgeschriebenen Gebeten, vor denen der Muslim sich gründlich reinigen muß, damit der nicht schmutzig vor Gott steht, gibt es selbstverständlich auch noch andere Gebete, die der Muslim zu jeder Zeit beten kann. Es ist für den Muslim auch nicht nötig, zur Verrichtung der Gebete ein Gotteshaus (Moschee) aufzusuchen, er kann vielmehr überall, wo er sich gerade befindet, seiner Pflicht zum Gebet nachkommen. Nur am Freitag, dem „Sonntag" der Muslime, wird er zum Anhören der Predigt des Imam die Moschee aufsuchen. Das normale öffentliche Gebet dauert ungefähr eine Viertelstunde. Um die gemeinsame Ergebung zu bekunden, wird es durch viele Beigaben begleitet, die keineswegs nur Äußerlichkeiten darstellen. Hierher gehören die Gebetsrichtung nach Mekka, die rituellen Waschungen, die genau festgelegten Verbeugungen.

Der Aufbau des rituellen Gebets sieht folgendermaßen aus:

a) Formulierung der Gebetsabsicht,
b) Aufrechtstehen und Aussprechen von „Gott ist am größten" (Allahu akbar),
c) Sprechen der 1. Sure,
d) Beugung des Oberkörpers,
e) Wiederaufrichten,
f) Niederwerfen,
g) Hocken,
h) nochmaliges Niederwerfen,
i) zum Gebetsschluß das Sprechen des Glaubensbekenntnisses in hockender Stellung, der Segen über Prophet und Gläubige, sowie der Abschluß des Gebets durch den zweimaligen Friedensgruß.

3. Das Fasten (saum)

Es wird besonders im neunten Monat des islamischen Mondjahres von 354 Tagen geübt, dem heiligen Ramadan. Höhepunkt des Fastens ist der 27. Tag des Ramadan, da der Überlieferung nach in dessen Nacht dem Propheten die erste Offenbarung zuteil wurde. Der fromme Muslim feiert dies Ereignis in einer Moschee. Gefastet wird den ganzen Tag, von dem Augenblick an, da man einen weißen Faden von einem schwarzen unterscheiden kann, bis zu dem Augenblick, da dies nicht mehr möglich ist. Auch beim Fasten kommt es auf das Erleben der Gemeinsamkeit an. Wie beim Gebet bedarf es der Reinheit, dem Waschen des Gesichts, der Hände, der Arme bis zum Ellenbogen, dem Bürsten der Haare, der Reinigung der Zähne.

Zum Fasten gehört auch Enthaltsamkeit in bezug auf:

a) Essen,
b) Trinken,
c) Rauchen,
d) Genuß von Wohlgeruch,
e) Geschlechtsverkehr.

Der Wille zum Fasten muß jeden Morgen neu bekräftigt werden. Ausgenommen vom Fasten sind nur: Reisende, Greise, Schwangere, Säugende und Kranke.
Das Fasten ist der gesamten Gemeinde (Männer und Frauen) auferlegt, nicht nur einigen besonders frommen Asketen oder Mönchen. Angeblich geschah dies, weil Mohammed von Anfang an eine Spaltung seiner Gemeinde in Hierarchie und Laien, Splittergruppen und Sekten verhindern wollte. Das Fasten ist geboten, um der gesamten Gemeinde Gottesfurcht und Islam (Ergebung) zu lehren.

4. Das Almosengeben (zakat)

Das Almosengeben wird ebenso wie das rituelle Gebet im Koran des öfteren gefordert. Das Almosengeben ist sowohl soziale als auch ganz besonders religiöse Pflicht. Zweifellos aus dem asketischen Lebensbereich entsprossen, ist die Armen- und Sozialsteuer eine der zentralsten Lebensäußerungen des Islam. Sie umfaßt den 14. Teil des Einkommens (nach dem Koran) und kommt sieben Klassen zu:

a) den Armen, b) den Bedürftigen,
c) den die Steuern einziehenden Beamten,
d) denen, deren religiöser Eifer für den Islam gestärkt werden soll,
e) den Sklaven, die sich selber freikaufen wollen,
f) den Schuldnern, die durch Schulden für ein gutes Werk Not leiden,
g) den auf dem Weg Gottes Befindlichen, d. h. besonders den notleidenden Mekkapilgern.

Der Armen- und Sozialsteuer liegt die Überlieferung zugrunde, daß Eigentum nur insoweit eine rechtliche Grundlage hat, als es zur Befriedigung der eigenen Bedürfnisse, zum Lebensunterhalt unbedingt notwendig ist. Das darüber Hinausgehende ist Eigentum Allahs und damit Eigentum der Gemeinde ('umma). Dieser Grundsatz spielt auch heute noch eine wichtige Rolle. So hat z. B. der pakistanische Islam daran erinnert, daß hier eine dritte Möglichkeit zwischen Kommunismus und Kapitalismus liegt.

5. Die große Wallfahrt (hadsch)

Es gibt zwei Arten der Wallfahrt: einmal die „kleine" ('umra), die sich nur auf die Ka'aba beschränkt, zum anderen die „große", die zu den fünf Säulen des Islam zählt.
Auch die hadsch erfährt ihre Begründung im Koran. Die hadsch muß jeder Muslim einmal in seinem Leben vollziehen, sofern er finanziell dazu in der Lage ist. Sie dauert zehn Tage und muß in völliger kultischer Reinheit durchgeführt werden. Der während dieser Zeit immer wiederholte Ruf der Pilger lautet „labbaika" („zu Deinen Diensten"); er ist praktisch das Motto der gesamten Pilgerfahrt. In der Ausführung der hadsch zeigt sich sowohl die Beweglichkeit wie auch der weltweite Zusammenhalt des Islam.
Die Vorschriften und Gebräuche, die die Pilger auszuführen haben, ebenso wie die Pilgerfahrt selber, stammen aus der vorislamischen altarabischen Volksreligion. Mohammed deutete sie zum größten Teil nur im Sinne seiner neuen Religion um. Ebenso verfuhr der Prophet im Rahmen von Riten und Handlungen mit der „Beschneidung". Sie hat einen widersprüchlichen Charakter. Im Koran ist sie als Bedingung überhaupt nirgends erwähnt, wahrscheinlich deshalb, weil sie für Mohammed selbstverständlich war. Er hat sie aus der Sitte seiner Umgebung ohne Reflexion übernommen. In den verschiedenen Gegenden und Sekten wird sie indes verschieden gehandhabt, teils als Kinder-, teils als Mannbarkeitsritus, wenn auch selten. Häufig aber ist sie beim Übertritt in den Islam eine Aufnahmebedingung, freilich nicht aufgrund des Koran.

Aus: Walter Schmid, Islam

33 Erfahrungen beim Brückenbauen

Beten

In den letzten beiden Stunden bereitete ich mit meiner Gruppe eine Klassenarbeit in Biologie vor. Weil die Deutschkenntnisse noch ziemlich schlecht sind, war es sehr mühsam. Zahlreiche Begriffe mußten nochmals erarbeitet werden. Das Wesentliche eines Abschnitts im Buch versuchten wir in ein, zwei einfachen Sätzen zusammenzufassen, damit die Schüler den Inhalt in einfachen eigenen Worten wiedergeben konnten. Mit etwas Sorge dachte ich an die Klassenarbeit am nächsten Tag.

Frau R.: (am Ende der Stunde)
Ich wünsche euch für morgen alles Gute, daß ihr die Fragen versteht, und daß ihr das, was ihr wißt, auch richtig ausdrücken könnt. Ich drücke euch die Daumen!

Oztürk und Melahat (wie aus einem Munde):
Beten wäre uns lieber!

Probleme einer Minderheit

Am Ende des Unterrichts trödelte Turgut herum. Ich merkte, daß er mich allein sprechen wollte. Normalerweise verlassen wir die Schule gemeinsam. Ich mußte die anderen Schüler los werden.

Frau R.: Ich muß noch etwas erledigen, geht schon voraus, lebt wohl!

Murat, Bilge, Marco, Margareta: Tschüß!

Turgut: Ich bin froh, daß Sie das letzte Mal geschwiegen haben.

Ich sah ihn fragend an.

Turgut: Letztes Mal haben wir über das Fasten gesprochen, weil doch gerade Ramazan ist. Murat geht doch jedes Wochendende zum Hoca, der darf nicht wissen, daß ich nicht faste.

Frau R.: Ach so, du meinst, weil ich bei meinem letzten Besuch bei euch mitbekommen habe, daß ihr nicht fastet. Aber die Familie der Bilge fastet doch auch nicht. Sie erzählt fröhlich und offen, daß ihr Vater gesagt habe, Schichtarbeiter müßten nicht fasten ... Das könnte doch bei euch auch der Fall sein.

Turgut: Wissen Sie, ich bin kein Sunnit. Wir fasten zu einer anderen Zeit. Aber der Murat darf das nicht wissen, der geht zum Hoca. - Ade!

Turgut rannte raus. Ich ging zum Fenster und sah, wie Turgut Murat einholte und dicht neben ihm ging, was sonst nicht der Fall war.
Zwei Jahre später; Turgut hatte meine Hilfe nicht mehr nötig, aber er besuchte mich hin und wieder. Ich las gerade in einem Buch über die Türkei. Er blätterte darin, sah das Wort Alevi und deutete darauf:

Turgut: Dazu gehöre ich.

Beschneidung

Erol besuchte mich wieder einmal daheim. Er hatte inzwischen den Hauptschulabschluß geschafft und eine Lehrstelle erhalten.

Erol: Meine Eltern würden sich sehr freuen, wenn Sie und Ihr Mann wieder einmal zu uns kommen würden.

Frau M.: Gerne.

Erol: Wir hatten daheim ein Fest, und wir wollen Ihnen davon Fotos zeigen. Mein Bruder wurde beschnitten, wir hatten viel Besuch.

Frau M.: Geschah die Beschneidung denn nicht im Krankenhaus?

Erol: Nein, ein türkischer Arzt kam zu uns, der das häufig macht. Mein Vater hat sich vorher sehr genau erkundigt, ob er auch einen guten Ruf habe. Er gab uns auch für alle Fälle seine Telefonnummer.

Frau M.: War es für Ahmet sehr schlimm?

Erol: Nein, heute gibt es ja Medikamente gegen die Schmerzen. Ahmet hat sich gefreut, er hatte einen tollen Anzug, eine Art Uniform erhalten, und später viele Geldgeschenke. Es war ein richtig schönes Fest. Meine Eltern hatten ihr Schlafzimmer sehr schön hergerichtet. Frau Müller (und dabei geht ein Strahlen über sein Gesicht), jetzt ist Ahmet ein richtiger Muslim!

Ich will ein Türke sein

In meiner 9. Hauptschulklasse kam das Gespräch bei der Vorbereitung auf die Abschlußprüfung auch auf das Fasten im Ramadan, das gerade in diese Prüfungszeit fiel.

Sechs meiner acht türkischen Schüler, davon zwei Mädchen, standen fest in dieser Tradition, wußten aber auch, daß der Islam durchaus auch Freiraum läßt und hatten mit ihren Eltern vereinbart, das Fasten nur teilweise durchzuführen oder nach der Prüfung nachzuholen.

Überraschend war das Gespräch mit Hakan.

Lehrerin: Ja wie, Hakan, warum beteiligst du dich denn so engagiert an diesem Gespräch, du hast doch bisher nie gefastet! Oder verlangen das deine Eltern jetzt auch von dir?

Hakan: Nein, meine Eltern haben das noch nie von mir verlangt und selber halten sie sich auch nicht an den Ramadan. Aber schließlich bin ich eben ein Türke! Man läßt mich ja kein Deutscher sein, auch wenn ich hier in Deutschland aufgewachsen bin, und ich möchte endlich erfahren, was es für mich bedeutet, Türke sein, und das heißt Muslim sein.

Aus: Erfahrungen beim Brückenbauen. Gespräche mit muslimischen Schülern. Herausgegeben von der Stadt Ludwigsburg

---

Ramazan = Türkisch für Ramadan
Hoca = Hoca oder Hodscha ist ein Koranlehrer
Sunnit = Im Islam gibt es zwei große Gruppen, die Sunniten und die Schiiten
Alevi = Die Alevis bzw. Aleviten kommen aus dem Osten der Türkei. Sie stehen den Schiiten nahe.

34 Vertiefungen

Das Glaubensbekenntnis
Ein Mensch wird Muslim, wenn er das Glaubensbekenntnis ablegt. Es lautet: „Ich bezeuge, es gibt keinen Gott außer Gott, und Muhammad ist der Gesandte Gottes." Der Gläubige rezitiert oft diese Formel, um immer wieder seinen Glauben zu bestätigen und seine Hingabe an Gott und seine Bindung an den Gesandten Muhammad, an den Islam und an die Gemeinschaft der Muslime zu befestigen.

Das Gebet
Das Gebet ist der vorzügliche Ausdruck des Glaubens. Es beinhaltet die Anerkennung der Souveränität Gottes und der Abhängigkeit des Menschen vom göttlichen Wohlwollen.
Der Islam kennt das Pflichtgebet (ṣalāt), das private Gebet (du'ā') und das mystische Gebet, Anrufung des Namen Gottes oder Gottgedenken (dhikr) genannt.

Reinheitsvorschriften
Der Muslim darf nicht unvermittelt vom täglichen Geschäft zur Verrichtung des Gebets übergehen. Er muß sich in den Zustand kultischer Reinheit versetzen.

Vollzug des Gebets
Das rituelle Pflichtgebet besteht aus einer Anzahl von Einheiten, rak'a = Verbeugungen genannt. Das Mittags-, das Nachmittags- und das Nachtgebet bestehen jeweils aus vier Einheiten; das Abendgebet besteht aus drei und das Morgengebet aus nur zwei Einheiten. Im folgenden wird eine Gebetseinheit beschrieben.

Weihezustand
Der Beter muß sich mit dem Gesicht in Richtung Mekka hinstellen (Koran 2, 114–145, 149–150). Diese Gebetsrichtung (qibla) wird in den Moscheen durch eine Nische (miḥrāb) angezeigt. Der Beter formuliert nun seine Absicht, das Pflichtgebet zu verrichten, er tritt in den Weihezustand, indem er spricht: „Gott ist größer."

Rezitation
Stehend spricht der Beter Worte des Lobes: „Preis sei dir, mein Gott, und Lob sei dir! Gebenedeit sei dein Name, und erhaben sei deine Herrlichkeit! Es gibt keinen Gott außer dir." Er fügt hinzu: „Ich suche meine Zuflucht bei Gott vor dem gesteinigten Satan." Dann rezitiert er die erste Sure des Korans, *die Eröffnung* (al-Fātiḥa):
1, 1–7 Im Namen Gottes, des Erbarmers, des Barmherzigen. Lob sei Gott, dem Herrn der Welten, dem Erbarmer, dem Barmherzigen, der Verfügungsgewalt besitzt über den Tag des Gerichtes! Dir dienen wir, und Dich bitten wir um Hilfe. Führe uns den geraden Weg, den Weg derer, die Du begnadet hast, die nicht dem Zorn verfallen und nicht irregehen.
Er schließt mit: Amen.
Danach rezitiert der Gläubige weitere Stellen des Korans nach freier Wahl, z. B. 112, 1–4; 2, 255 (Thronvers); 24, 35 (Lichtvers); 59, 19–24.

Verbeugung
Der Beter verbeugt sich, legt die Hände auf seine Knie und spricht: „Gott ist größer", dann dreimal: „Preis sei meinem Herrn, dem Majestätischen!"
Er richtet sich auf und sagt: „Gott erhört den, der ihn lobt." Und: „Gott, unser Herr, Lob sei dir!"

Prostration
Als Zeichen seiner totalen Hingabe an Gott, seiner Anbetung und seiner Unter-

werfung unter den Willen Gottes kniet der Beter und legt seine Stirn auf den Boden und spricht: „Gott ist größer“, dann dreimal: „Preis sei meinem Herrn, dem Höchsten!“
Dann setzt er sich auf seine Fersen und spricht: „Gott ist größer“, dann: „Mein Gott, vergib mir, erbarme dich meiner, leite mich recht, bewahre mich und gib mir meinen Lebensunterhalt“, oder „Mein Gott, vergib mir. Mein Gott, vergib mir.“
Daraufhin wiederholt er die Prostration mit den entsprechenden Haltungen und Texten. Damit endet die erste Gebetseinheit.
Da das kürzeste Pflichtgebet (das Morgengebet) aus zwei Einheiten besteht, vollzieht der Beter wenigstens eine weitere Einheit, wie oben beschrieben. Am Ende der zweiten Einheit rezitiert er das sogenannte *Bezeugungs-Gebet* (tashahhud):

Gott gehören die Ehrerweise, die Gebete und die guten Werke. Der Friede sei über dir, o Prophet, und die Barmherzigkeit Gottes und seine Segnungen! Der Friede sei über uns und über den tugendhaften Dienern Gottes! Ich bezeuge, es gibt keinen Gott außer Gott; und ich bezeuge, Muhammad ist der Gesandte Gottes.

Der Beter kann weitere Gebete hinzufügen, eigene oder allgemein bekannte.

Gebetsschluß
Zum Schluß richtet der Beter einen Gruß nach rechts und nach links und spricht: „Der Friede sei über euch und die Barmherzigkeit Gottes!“ Damit ist der Weihezustand aufgehoben.

Bedeutung der Körperhaltungen
Die Körperhaltungen, die das Rezitieren von Versen und Gebeten begleiten, sollen beim Beter eine innere Einstellung zum Ausdruck bringen, die als „Anwesenheit des Herzens“ bezeichnet wird. Wer sich zum Gebet hinstellt und sich zu Gott wendet, muß eine lautere Absicht haben, sein Gebet in Demut verrichten (vgl. 23,2; 2,45). Denn sein Leben liegt in der Hand Gottes. Das bedeutet zweierlei. Zum einen hat der Gläubige die Gewißheit, daß Gott ihm die guten Dinge beschert und sich als der gütige, huldvolle und feinfühlige Gott zeigt, dem „demütige Ergebenheit“ gebührt (2,238). Der Gläubige weiß aber auch, daß Gott der transzendente, verborgene Gott bleibt, dessen Wille unerforschlich und dessen Entscheidungen nicht hinterfragbar sind. Deswegen muß der Mensch mit Furcht beten (7,205), seine Anliegen in vertrauensvollem Verlangen und zugleich in demütiger Ehrfurcht vortragen (21,90; 7,56). Die verschiedenen Körperhaltungen spiegeln außerdem die Bereitschaft des Gläubigen wider, Gott zu loben und anzubeten, seine Souveränität anzuerkennen und sich in seinen Willen zu ergeben.
Aus: A.Th. Khoury, Der Islam

---

gebenedeit = gesegnet, gepriesen
Prostration = Niederwerfung
transzendent = jenseitig, übernatürlich

35 Die Große Moschee von Kairuan (9. Jahrhundert)

Ansicht von Osten:

Ansicht von Nordwesten:

Aus: J. Sourdel-Thomine/B. Spuler, Die Kunst des Islam

Grundriß: Kairouan Sidi-Oqba-Moschee

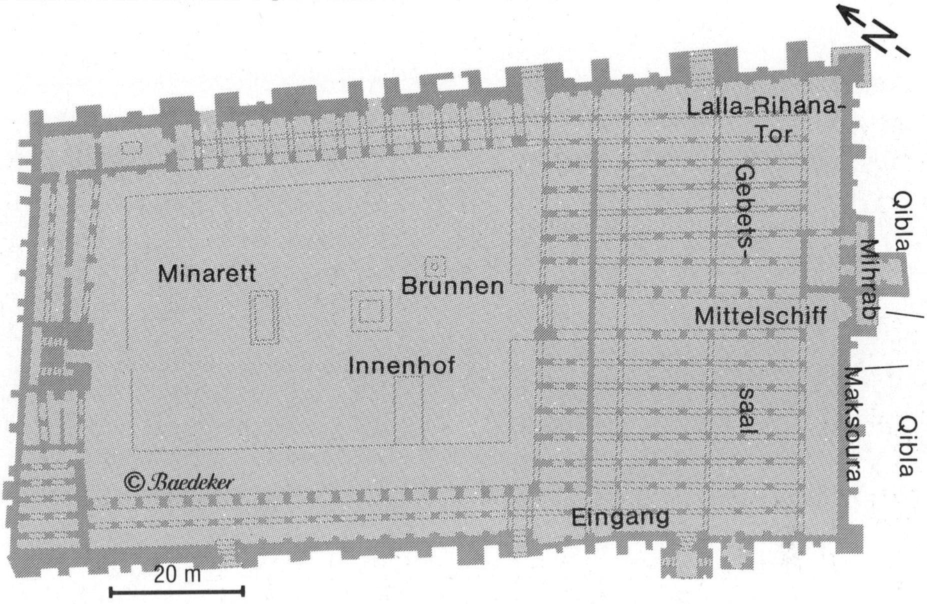

Aus: Baedekers Allianz Reiseführer „Tunesien"

36 Ein kleiner Knigge zur deutsch-türkischen Begegnung

Im Normalfall begegnen Deutsche Muslimen in ihren türkischen Mitbürgern, Arbeitskollegen oder Mitschülern. Wenn die Beteiligten einander näherkommen, kann es sehr bald auch zu Mißverständnissen kommen. Die nachfolgenden 14 Hinweise werden solche Mißverständnisse nicht ausschließen, doch werden die türkischen Partner sich freuen, wenn sie feststellen, daß der deutsche Partner sich um ihre Gepflogenheiten bemüht.

1. Bevor ein Besuchstermin vereinbart wird, sollte man einen Blick in den muslimischen Festkalender werfen. Besuche während des Fastenmonats sind möglich, doch muß dann der deutsche Gast damit rechnen, erst nach Sonnenuntergang zu Tisch gebeten zu werden. Entsprechend sollte er seinen muslimischen Gästen erst nach Sonnenuntergang Speisen und Getränke anbieten.

2. Der übliche Gruß heißt türkisch „Selam aleyküm" (Friede sei mit euch) und wird mit „We aleyküm selam" (Und mit euch sei (auch) Friede) beantwortet.

3. Häufig wird dann ein Duftwasser angeboten, das in etwa einem Kölnischen Wasser entspricht und mit dem man sich erfrischt.

4. Bei der ersten Begegnung ist der Handschlag üblich, doch wird der türkische Gastgeber bei der zweiten oder dritten Einladung zum Wangenkuß übergehen. Handschlag und Wangenkuß geschehen bei streng gläubigen Muslimen nach Geschlechtern getrennt aus Achtung vor der Familienehre.

5. Häufig ist es üblich, die Straßenschuhe im Flur auszuziehen. Erst recht gilt dies für einen Moscheebesuch.

6. Der Kleiderfrage wird eine große Bedeutung beigemessen. Unangemessene Kleidung verletzt die Familienehre.

7. Man muß sich darauf einstellen, daß man nicht allein auf seinen türkischen Gastgeber trifft, sondern daß Freunde und Nachbarn wie selbstverständlich beim Besuch anwesend sind.

8. Das Gespräch verläuft u. U. nach Geschlechtern getrennt, die Männer reden miteinander und die Frauen ebenfalls.

9. Die Kinder der türkischen Gastgeber übernehmen bei den Gesprächen gern die Dolmetscherrolle.

10. Häufig gebrauchte Redewendungen sind:
    a) die Besmele oder Bismilla, die Anrufung Gottes, die auch über fast jeder Sure steht: „Im Namen Gottes des Barmherzigen, des Allerbarmers"; mit dieser Anrufung beginnt der Muslim jede Tätigkeit, jede Reise, jedes Gebet, diese Anrufung hängt in jeder Wohnung, jedem Auto, jeder Werkstatt;
    b) das Inschallah, „So Gott will", das bei jedem Vorhaben, das in die Zukunft weist, Gott die letzte Entscheidung überläßt;
    c) das Maschallah, was soviel bedeutet wie „Gott hat es so gewollt"; mit dieser Redewendung wird jede böse Absicht ausgeschlossen, jeder falsche Stolz verneint; so wird jede Bewunderung im Haus des Gastgebers mit dieser Formel eingeleitet oder beantwortet.

11. Man sollte innerlich darauf vorbereitet sein, orientalischer Unbekümmertheit zu begegnen und deshalb europäische Steifheit nach Möglichkeit vermeiden.

12. Natürlich ist es angemessen, bei Unsicherheiten um helfende Hinweise zu bitten.

13. Eine natürliche Freundlichkeit und Offenheit baut stärkere Brücken als verkrampfte Versuche, vermuteten Gepflogenheiten in der türkischen Gastgeberfamilie gerecht zu werden.

14. Es muß auch damit gerechnet werden, daß die türkischen Gäste bzw. Gastgeber keinen Kontakt mehr zu ihrer Religion haben, sich nicht an die muslimischen Vorgaben halten, ja sie nicht einmal mehr kennen.

37 Macht euch aus dem Staube – die Christen nahen mit ihrem Evangelium

Aus: H. U. Berg (Hrsg.), Lieder – Bilder – Szenen

Worte des Korans zum Dschihad

Aus Sure 2:
256 Es gibt keinen Zwang in der Religion. Der rechte Wandel unterscheidet sich nunmehr klar vom Irrweg. Wer also die Götzen verleugnet und an Gott glaubt, der hält sich an der festesten Handhabe, bei der es kein Reißen gibt. Und Gott hört und weiß alles.

Aus Sure 9:
29 Kämpft gegen diejenigen, die nicht an Gott und nicht an den Jüngsten Tag glauben und nicht verbieten, was Gott und sein Gesandter verboten haben, und nicht der Religion der Wahrheit angehören – von denen, denen das Buch zugekommen ist, bis sie von dem, was ihre Hand besitzt,

Tribut entrichten als Erniedrigte. 30 Die Juden sagen: „'Uzayr ist Gottes Sohn." Und die Christen sagen: „Christus ist Gottes Sohn." Das ist ihre Rede aus ihrem eigenen Munde. Damit reden sie wie die, die vorher ungläubig waren. Gott bekämpfe sie! Wie leicht lassen sie sich doch abwenden!

36 Die Zahl der Monate bei Gott ist zwölf Monate, im Buch Gottes festgestellt am Tag, da Er die Himmel und die Erde erschaffen hat. Vier davon sind heilig. Das ist die richtige Religion. So tut euch selbst in ihnen kein Unrecht. Und kämpft gegen die Polytheisten allesamt, wie sie gegen euch allesamt kämpfen. Und wißt, Gott ist mit den Gottesfürchtigen.
111 Gott hat von den Gläubigen ihre eigene Person und ihr Vermögen dafür erkauft, daß ihnen das Paradies gehört, insofern sie auf dem Weg Gottes kämpfen und so töten oder getötet werden. Das ist ein Ihm obliegendes Versprechen in Wahrheit in der Tora und im Evangelium und im Koran. Und wer hält seine Abmachung treuer ein als Gott? So seid froh über das Kaufgeschäft, das ihr abgeschlossen habt. Und das ist der großartige Erfolg.

Übersetzung: A.Th. Khoury

38 Zum Beispiel Kreta

Die arabische Besetzung (824–961)
Um 820 wird der Einfluß der Araber im östlichen Mittelmeer immer beherrschender. Im Jahr 824 landet Abu Hafs Omar von Spanien kommend mit vierzig Schiffen auf Kreta und unterwirft raubend und plündernd die Bevölkerung. Die Bewohner Kretas werden von den arabischen Herren hemmungslos geknechtet, ausgebeutet und sogar getötet. Die Überlebenden müssen ihrem christlichen Glauben abschwören. Die Kirchen werden geplündert und zerstört. Der arabische Anführer, Abu Hafs Omar, richtet sich auf eine lange Herrschaft in Kreta ein. Er läßt das mächtige Fort „Rab el Chandek" an der Stelle des heutigen Iraklion bauen. Viele Kreter fliehen in die Berge, um von dort aus einen Widerstandskrieg gegen die Besatzer zu führen.

Die türkische Besetzung (1669–1821)
Nach langen blutigen Kriegen gegen die Venezianer haben die Türken die Insel erobert. Die türkisch-muslimischen Eroberer beginnen ein neues dunkles Kapitel von Eroberung, Unterdrückung und Ausbeutung zu schreiben. Wieder werden Christen verfolgt und Kirchen zerstört. Es kommt zu massenhaften Zwangsbekehrungen von Christen zum Islam. Die Kreter üben sich im Widerstand. Die türkische Regierung versucht, türkische Bauern auf Kreta anzusiedeln.

Die venezianische Besetzung (1204–1669)
Es ist die Zeit der Kreuzzüge. Als die vereinigten Heere des 4. Kreuzzugs Byzanz erobern und das oströmische Reich unter den Siegern aufteilen, kann Venedig 1204 Kreta für eine geringe Summe erwerben. Aber erst zwei Jahre später, 1206, landen die Venezianer mit 31 Schiffen auf Kreta. Die Bauern Kretas werden durch überhöhte Steuern ausgepreßt und verarmen, während in den Städten venezianische Prachtbauten entstehen. Wieder und wieder erhebt sich das Volk. In den ersten 150 Jahren der venezianischen Herrschaft werden 10 Aufstände gezählt.

Die deutsche Besetzung (1941–1945)
Am 21. Mai 1941 landen deutsche Fallschirmjäger unter großen eigenen Verlusten auf Kreta. 4465 deutsche, 1527 alliierte Soldaten und etwa 5000 Kreter finden in den Kämpfen der ersten zehn Tage den Tod. Die britischen Verteidiger und ihre alliierten Hilfstruppen müssen sich an die kretische Südküste zurückziehen, von wo aus sie unter starken Verlusten nach Ägypten evakuiert werden. Später ist Kreta geteilt. Die deutschen Besatzungstruppen können Westkreta bis in den Mai 1945 hinein halten.

39 Sadik J. Al-Azm, Dschihad (gekürzt)

Der Autor, Sadik J. Al-Azm, 1943 in Damaskus geboren, hat Bücher über Immanuel Kant und westliche Philosophie geschrieben. Al-Azm lehrt als Professor für Philosophie an der Universität Princeton und hält Vorlesungen über „Arabisches Denken" am Near Eastern Studies Department.

Krieg im Namen Gottes
Für seine Angst vor dem Fundamentalismus in der islamischen Welt kennt der Westen ein Schlüsselwort: Dschihad. In der Formel vom Heiligen Islamischen Krieg scheinen sich Aggression und Religiosität zu verbünden.

Dschihad – schon das bloße Wort beschwört im Westen ein furchterregendes Bild herauf. Dschihad, der Heilige Islamische Krieg, erscheint selbst gebildeten Europäern in Gestalt eines Türken, der sein Krummschwert gegen das Abendland schwingt, jeden Ungläubigen mit dem Tode bedroht und Mord und Terror in die Welt streut. Bedauernswerter Westen! Die Elite dort reagiert auf die Vokabel Dschihad mit dunklen, unterschwelligen Ängsten – als stünde ein mittelalterlicher Gegen-Kreuzzug bevor.
Wie kommt es, daß solche Zerrbilder und irrationalen Ängste immer noch ihren Einfluß ausüben? Obwohl doch seit mehr als zweihundert Jahren der Westen seine Überlegenheit über die islamische Welt bewiesen hat, indem er sie kolonisierte und wissenschaftlich, per Orientalistik, erforschte? Woher diese Angst?
Bedenkt man das frappierende Ungleichgewicht der Kräfte im Verhältnis zwischen dem Westen und der islamischen Welt, dann klingen die Klagen und Wutausbrüche der Araber über den andauernden europäischen Kreuzzug weit weniger irrational als die vergleichbaren europäischen Ängste vor dem Dschihad. Oder könnte es vielleicht sein, daß diese stete Beschwörung immer noch einen zweifachen Zweck erfüllt: zum einen, das Gewissen über die habgierige Praxis des westlichen Kolonialismus zu beruhigen, und zum anderen (auf weniger subtile Weise), Kräfte zu mobilisieren für die Konfrontation des reichen Nordens mit dem immer ärmer werdenden Süden? Ich frage ja nur. Jedenfalls haben die Industrienationen eine sehr beschränkte Auffassung vom Islam; und hierin liegt schon ein Teil der Antwort. Der Westen hat aus einer geschichtlichen Religion, die in vielen Kulturen verwurzelt und von zahlreichen völlig verschiedenen Gesellschaften über einen langen Zeitraum hinweg praktiziert worden ist, einen Extrakt gezogen. Demnach ist der Dschihad einfach nur eine aggressive Tendenz, die dem Islam innewohnt, ohne

Rücksicht auf Historie, Umstände, Ort und Kräfteverteilung. Das Klischee sagt: Militarismus, Kriegslust und Blutvergießen sind unausrottbare Eigenschaften aller Muslime, ganz gleich, wo sie sind, was sie tun und anstreben. Eines Tages werden sich eine Milliarde Muslime aufmachen und im Namen Allahs gegen das Bollwerk des westlichen Rationalismus anrennen. Das ist die Angst, und der Dschihad ist das Kürzel dafür.

Aber was hat es wirklich mit dem Dschihad auf sich? Etymologisch leitet der Begriff sich von einem Wortstamm ab, der alle möglichen Aktivitäten meint. So sind in der islamischen Geschichte eine ganze Reihe radikal verschiedener Tätigkeiten als Dschihad beschrieben worden. Zum Beispiel: Verteidigungs- und Angriffskriege, Kleiner Dschihad genannt. Oder: der spirituelle Kampf für die Sache Gottes und das Wohlergehen der islamischen Gemeinschaft, Großer Dschihad genannt. Die Anstrengungen, die das Selbst des Menschen, seinen Kampf gegen die schlechten Triebe und das Streben nach moralisch-religiöser Vollkommenheit betreffen, heißen Mudschahada. Und die Arbeit der islamischen Philosophen und Rechtsgelehrten, die nach Lösungen für die juristischen, theologischen, moralischen und politischen Probleme suchen, die sich immer wieder aus dem Alltag und aus der Entwicklung der Gesellschaft ergeben, nennt man Idschdschihad. Daher übrigens die Worte des Propheten Mohammed, daß am Jüngsten Tag die Tinte der Gelehrten schwerer wiegen wird als das Blut der Märtyrer, die beim Dschihad gefallen sind.

Ferner sind da der Kampf des Mystikers gegen alle weltliche Begierde, gegen das Fleisch und den Teufel und sein ernsthaftes Streben nach göttlichem Wissen und letzter Einheit mit Gott, genannt Sufi-Weg oder Tariqua. Der Krieg, den der Imam, also der wiederkehrende Messias, gegen das Böse und die Ungerechtigkeit in der Welt am Ende aller Tage führen wird, gilt als Letzter Dschihad. Der Kampf gegen die eigenen sündhaften Bestrebungen fällt unter Dschihad des Herzens. Die Mahnung zum Guten und zum Vermeiden des Bösen heißen Dschihad der Zunge. Daß man sich vor abscheulichen Handlungen hütet, heißt Dschihad der Hand. Und der Krieg schließlich gegen Götzendiener und Ungläubige heißt Dschihad des Schwertes.

Die Lehre vom Dschihad als Krieg entwickelte sich aus dem Kampf der jungen muslimischen Gemeinde in Arabien unter der Führung des Propheten gegen seine überlegenen Feinde ringsum – wie im Koran beschrieben. In der Anfangsphase des Islam, als die Religion noch schwach war und es an Zusammenhalt mangelte, mahnte der Koran die Getreuen, geduldig die Verfolgung durch die Ungläubigen zu ertragen und durchzustehen. Später dann, als die Muslime stärker wurden, drängten die Verse des Islam die Gläubigen, im Kampf für die Sache Gottes und gegen die Götzendiener und ihre Herrschaft mutig in die Offensive zu gehen. In dieser Phase wird der Dschihad zur Reaktion auf die Provokationen der Feinde, wie es im Koran steht, „und tötet für Allahs Pfad – euere Religion –, die euch töten wollen; doch beginnt nicht ihr die Feindseligkeiten; Allah liebt jene nicht, welche über das Ziel schießen" (2,191). Großer himmlischer Lohn wird denen versprochen, die am Kampf teilnehmen – und schwere Strafen jenen, die sich entziehen.

Aus: „Zeit-Magazin" vom 17. Januar 1992

40 Sigrid Hunke, Aufruf gegen die „Feinde Gottes“

Ein entscheidender Wandel bahnt sich an, als mit dem Aufruf Papst Urbans II. am 27. November 1095 im französischen Clermont die gesamte abendländische Ritterschaft aufgeboten wird, das Kreuz zu nehmen und zur „Befreiung“ des angeblich „zerstörten Heiligen Grabes“ nach Jerusalem zu ziehen. Eine reine Propagandaformel, wie sich zeigen wird, um die untätige und ungeduldige Ritterschaft zu entflammen, mit der die Wanderprediger alsbald eine Massenbewegung zu geradezu mystischem Taumel anfachen werden, - hinter der sich jedoch ganz hartkalkulierte kirchenpolitische Zwecke verbergen.

Den einstigen Plan Gregors VII., die Spaltung der Christenheit in die Römische Kirche und die unbotmäßige Ostkirche wieder in einer Kirchenunion rückgängig zu machen, hoffte Urban II., durch einen gewissen Handel doch noch zum Erfolg zu führen. Dazu bietet sich ihm der erwünschte Anlaß, als der byzantinische Kaiser Alexios, schwer bedrängt von den ganz Kleinasien überflutenden und seine Kirchen verheerenden türkischen Seldschuken, ihn um Hilfe durch Entsendung eines Söldnerheeres abendländischer Ritter ersucht. Freilich - die Bedrohung durch die Türken hatte sich schon nahezu gelegt. Der Basileus erwog im Gegenteil bereits einen Revanchekrieg ohne fremde Unterstützung. Auch für die Heiligen Stätten, seit dem sofortigen Wiederaufbau der vor vier Generationen zerstörten Grabeskirche, die ursprünglich den großen Plan abrunden und für die Motivation sorgen sollte, bestand keinerlei Befreiungsbedarf.

Doch indem der Papst, „Oberster Priester der ganzen Welt und Sendbote Gottes“, um des geheiligten Zieles willen in einem leidenschaftlichen Appell geschickt die lang gehegten Sehnsüchte der Ritterschaft, nicht daheim zu „versitzen“, sondern der Enge der Heimat, in der die Verkündung des Gottesfriedens den Kampf verbot, und den wirtschaftlichen Nöten zu entfliehen, um zur Bewährung den Kampf in der Ferne zu suchen - sei es aus Glaubensinbrunst, sei es aus Kampfeslust, Abenteuerdurst oder Hoffnung auf Beutegewinn - gleichsam eine bewaffnete Pilgerfahrt ins Heilige Land zu unternehmen, nutzte, appellierte er an ihr ritterliches Mitleid „mit den unter den Feinden Gottes leidenden christlichen Brüdern“ in Kleinasien, um für seine großangelegte Initiative zur kirchlichen Machtsteigerung durch Vereinigung mit der Ostkirche Roms zu werben.

Aus: Sigrid Hunke, Allah ist ganz anders

41 Karikatur

42 Sigrid Hunke, Ausbreitung des Islams mit „Feuer und Schwert"?

Ganz im Gegensatz freilich zu einem der starresten Vorurteile gegenüber dem Islam spielt die arabische Toleranz sogar die entscheidende Rolle bei seiner Verbreitung. Nicht nur die christliche Geistlichkeit hatte so etwas nicht erwartet. Inzwischen sind zwölfhundert Jahre vergangen – aber das christliche Abendland hält bis heute in Wort und Schrift, in Zeitungen und Büchern, in der allgemeinen Meinung und der neuesten Propaganda an dem Ammenmärchen fest, nach Mohammeds Tod hätten arabische Heere „den Islam mit Feuer und Schwert" vom Indus bis zum Atlantik verbreitet. Diese Formel ist in diesem Zusammenhang zum „geflügelten Wort" geworden, obwohl sie jeder geschichtlichen Wahrheit und Wirklichkeit entbehrt.

„Es soll kein Zwang sein im Glauben", lautet das verpflichtende Wort im heiligen Koran (Sure 2,256) Ziel und Sinn der Eroberungszüge durch die arabischen Heere war die Ausbreitung des *Herrschaftsbereichs Gottes* in der Welt – *nicht* des islamischen Glaubens! Im Gegenteil! Die Christen sollten Christen, die Juden sollten Juden bleiben wie zuvor. Niemand hinderte sie und durfte sie an der Ausübung ihres Glaubens hindern. Niemand beeinträchtigte ihre Geistlichkeit, ihre Gotteshäuser, ihre Gottesdienste.

Die neuen Herren über die unterworfenen Völker erschwerten geradezu ihren Übertritt. Man brauchte ja ihre Steuern, die aber entfielen, sobald sie sich zum Islam bekannten.

Es waren die Andersgläubigen - eben Christen, Juden, Sabier, „Heiden" - die von sich aus zum Islam, zum Bekenntnis und Kult der Sieger, ihrer neuen Herren, drängten, mehr als diesen lieb sein konnte: die arabische Namen wählten, arabische Kleidung, arabische Sitten annahmen, die die arabische Sprache lernten, arabisch heirateten und die islamische Bekennerformel, die „schuhada", nachsprachen. Die Faszination des arabischen Lebensstils, der arabischen Kultiviertheit, Vornehmheit, Eleganz und Schönheit - kurz, der eigentümliche Zauber der arabischen Kultur, nicht am wenigsten die Großmut und Duldsamkeit - sie übten eine unwiderstehliche Anziehungskraft aus.

Die christlichen Glaubenshirten in Andalusien bezeugten erbittert den Sog der arabischen Geistigkeit, dem die christlichen Schäflein allzu bereitwillig erlagen. Alvaro, Bischof von Cordoba, klagte in bewegten Worten:

„Viele meiner Glaubensgenossen lesen die Gedichte und Märchen der Araber, sie studieren die Schriften der muslimischen Theologen und Philosophen, nicht um sie zu widerlegen, sondern um zu lernen, wie man sich auf korrekte und elegante Weise im Arabischen ausdrückt. Wo findet man heute einen Laien, der die lateinischen Kommentare über die heiligen Schriften liest? Wer unter ihnen studiert die Evangelien, die Propheten, die Apostel? Ach, alle jungen Christen, die sich durch ihr Talent bemerkbar machen, kennen nur die Sprache und Literatur der Araber! Sie lesen und studieren aufs eifrigste die arabischen Bücher, legen sich mit enormen Kosten große Bibliotheken davon an und sprechen überall laut aus, diese Literatur sei bewunderungswürdig! Redet man ihnen dagegen von christlichen Büchern, so antworten sie mit Geringschätzung, diese Bücher verdienten nicht ihre Beachtung! O Schmerz, die Christen haben sogar ihre Sprache vergessen, und unter Tausenden von ihnen findet man kaum einen, der einen erträglichen lateinischen Brief zu schreiben versteht; dagegen wissen Unzählige, sich aufs eleganteste im Arabischen auszudrücken und Gedichte in dieser Sprache mit noch größerer Kunst als die Araber selbst zu verfassen."

Derselbe Zauber der arabischen Lebensart schlug noch die Kreuzfahrer im Orient in kurzer Zeit in seinen Bann. „Wir, die wir Abendländer waren, sind nun Orientalen geworden", meldete der Franzose Fulcher von Chartres stolz, überwältigt von dem fremden Reiz dieser von Farben und Düften betäubenden Wunderwelt.

Aus: Sigrid Hunke, Allah ist ganz anders

43 Muslimische Beter

44 Auspeitschung

1979 wurde in Pakistan die Prügelstrafe wiedereingeführt

amnesty international

45 Irmgard Jungmann, Angst vor dem Islam? (Auszug)

Die zwei großen Unterschiede bestehen in der Religionsfreiheit und dem Eherecht. Nach der Vorschrift der Scharia darf ein Moslem nicht vom Glauben abfallen, sonst wird er mit dem Tode bestraft (ein Grund für das Todesurteil gegen Salman Rushdie oder für die Verfolgung der Bahai im Iran). Dabei ist zu betonen, daß Personen mit nicht-moslemischer Religionszugehörigkeit in islamischen Staaten toleriert werden. Nur der Abfall vom Glauben wird bestraft. Im Eherecht gilt die Vorschrift, daß ein moslemischer Mann nur eine gottgläubige Frau heiraten darf, d. h. auch eine Jüdin, Christin usw., nur keine Atheistin; während eine moslemische Frau nur einen Moslem heiraten darf. Nach unserem Verständnis widerspricht diese Vorschrift des Korans grundsätzlich dem Recht auf Freiheit der Eheschließung.

In der Öffentlichkeit viel bekannter als diese beiden „Menschenpflichten" des Korans (die islamischen Menschenrechtserklärungen sind immer Erklärungen über „die Rechte und Pflichten der Menschen") sind gewissen Strafen, die im Koran genannt sind und von islamischen

Theologen z.T. zum unverzichtbaren Bestandteil der Scharia erklärt wurden. Dazu gehören das Handabschlagen für Diebstahl, Steinigung bei außerehelichem Geschlechtsverkehr von Verheirateten, Peitschenhiebe bei Unzucht und bei Genuß von Alkohol und die Todesstrafe bei schwerem Straßenraub und bei Abfall vom islamischen Glauben.

Diese Strafen der Scharia haben nur in wenigen Staaten des Nahen Ostens Gesetzeskraft; sie werden nur in Saudi-Arabien, im Sudan (seit 1983 mit Unterbrechungen), im Iran (seit 1979) und in Pakistan (seit 1979) tatsächlich praktiziert, amnesty international betrachtet alle genannten Strafformen als grausam und unmenschlich und fordert nach wie vor ihre Abschaffung, aber: Berechtigen diese Strafarten in wenigen Ländern dazu, die Völker des Nahen Ostens insgesamt für grausam zu halten? Dazu ein Vergleich: Wir betrachten die Todesstrafe als grausame und unmenschliche Strafe. In den USA wird sie praktiziert, und doch wird man deshalb nicht von der Grausamkeit „des amerikanischen Volkes" sprechen. Nur durch beharrliche Diskussion wird man in den USA wie im Nahen Osten eine Chance haben, diese besonderen Strafarten zu verändern ...

In der Diskussion um islamische Menschenrechte wird auch sehr häufig die untergeordnete Stellung der Frau genannt. Hierzu erklären Islamwissenschaftler immer wieder, daß diese Rolle nicht durch die Religion festgeschrieben sei, sondern daß sie sich historisch entwickelt habe, daß es also mehr um Tradition als um Religion gehe. Wenn wir bedenken, daß in Europa die Frauen erst seit 100 Jahren für ihre Gleichberechtigung kämpfen, ein Kampf, der in vielen Bereichen auch jetzt noch nicht gewonnen ist, der übrigens auch mehr gegen als mit den christlichen Kirchen geführt wurde, so bleibt anzunehmen, daß es auch im Nahen und Mittleren Osten seine Zeit braucht, bis dort die Frauen aufstehen, um sich ihre Rechte zu erkämpfen. Es gibt einige Ansätze dazu; besonders bei den Palästinensern sind die Frauen schon stark organisiert ...

In jedem Fall – so meine ich – werden es weiterhin sehr unterschiedliche Staaten sein mit ganz verschiedenen politischen Strukturen. Freilich besteht immer die Gefahr, daß Religion, wenn sie zur Durchsetzung politischer Ansprüche gebraucht und mißbraucht wird, zur Fanatisierung und Unduldsamkeit gegenüber Andersdenkenden führt. Dafür gibt es zahlreiche Beispiele in der europäischen Geschichte. Es macht aber keinen Sinn, die Menschenrechtsverletzungen, die damit einhergehen, der Religion zuzuschreiben. So sind die jetzigen und zukünftigen Menschenrechtsverletzungen in den islamischen Ländern (abgesehen von den genannten Strafformen) nicht dem Islam und auch nicht der angeblichen Eigenart des arabischen, türkischen oder persischen Volkes zuzuschreiben, sondern sie sind Ausdruck dessen, daß in diesen Ländern überall nachkoloniale Konflikte bestehen, die sich besonders aus den großen Unterschieden zwischen armen und reichen Bevölkerungsteilen ergeben und jetzt zu immer deutlicher werdenden Krisen führen.

Aus: „amnesty international-Info" vom 4. April 1991

46 Helmut Schneck, Islamischer „Fundamentalismus“ (Islamismus)

Für die Entstehung des „islamischen Fundamentalismus“ gibt es zwei wichtige Grundvoraussetzungen:

1. Die Kolonialgeschichte: Die gesamte islamische Welt kam in der Neuzeit unter europäische Kolonialherrschaft – und zwar alle islamische Staaten ohne Ausnahme. Da es im Islam ja neben dem Staat keine eigenständige religiöse Organisation (wie z. B. die christl. Kirche) gibt, bedeutet die politische Unterwerfung gleichzeitig auch die religiöse Unterlegenheit; die Kolonialgeschichte wirkt daher bis heute als Trauma.
2. Durch die Reformen Atatürks wurde 1924 in der Türkei das Kalifat offiziell abgeschafft. Die türkischen Sultane waren aber bis dahin von allen Sunniten als Kalifen anerkannt. Das bedeutete, daß der Großteil der islamischen Welt ab 1924 plötzlich führungslos war (in etwa entspräche dies einer Absetzung des Papstes in der Kathol. Kirche). Das dadurch entstehende Vakuum ermöglichte, ja erforderte die Neuformierung und Herausbildung religiös ausgerichteter Gruppierungen, die nun den Menschen Wegweisung und Identität gaben.

Die nun entstehenden Gruppierungen orientierten sich vor allem an zwei bedeutenden Gestalten, die zu Vordenkern dieser Gruppierungen wurden:

- Dschamal ad-Din al-Afghani († 1897); Agitator gegen Europäer aus Persien; war in der Türkei, Afghanistan, Europa, zuletzt lange in Ägypten.
- Abduh († 1905), wichtigster Gefolgsmann von Dschamal ad-Din, bedeutend vor allem durch seine Schriften; zuletzt höchster Richter in Ägypten (!).

Beide fragten: Warum ist der Islam so schwach gegenüber den Europäern? Die Antwort: Der Islam sei total erstarrt und unbeweglich in zahllosen überlieferten Formeln und der hoffnungslos unbeweglichen Rechtskasuistik. Man müsse weg von den U'lamah (den Rechtsgelehrten) – zurück zum Geist des Ur-Islam; gleichzeitig aber solle man die moderne europäische Technik aufnehmen; beide galten als ausgesprochene Modernisten.

Nach dem 2. Weltkrieg und der Selbstzerfleischung Europas gab es überall in der islamischen Welt große Hoffnungen auf Entkolonialisierung. Aber überall entwickelten sich anstelle der erträumten islamischen Staaten säkularistische Staaten, die überdies zumeist von Militärs beherrscht wurden – dies gilt wiederum für alle islamischen Länder ohne Ausnahme!

Diese Militärregime sehen sich nun den wachsenden und drängenden Problemen ausgesetzt und erweisen sich zunehmend als unfähig, diese Probleme zu lösen, (nur ein Beispiel: Ägypten hat seit der Pharaonenzeit bis um 1900 immer ca. 5 Millionen Einwohner – soviel kann die Landwirtschaft tragen. Heute hat allein Kairo schon 15 Millionen Einwohner!).

Da seit geraumer Zeit überdeutlich wird, daß die Militärs keine wirkliche Legitimation zur Herrschaft haben, erfolgt nun eine Hinwendung zu den seit lange bestehenden Gruppierungen, die schon immer eine grundlegende Erneuerung gefordert haben. Zusammenfassend könnte man sagen: Sie wollen

1. einen modernen Islam schaffen,
2. zurück zum Geist des Ur-Islam (fiktiv),
3. Anti-Kolonial (gegen Israel als einem Gebilde des Westens; gegen den Westen – nicht gegen das Christentum; wäre der Westen richtig christlich, wäre er eher akzeptabel!),
4. Abkehr vom säkularen Staat.

47 Welt des Islam

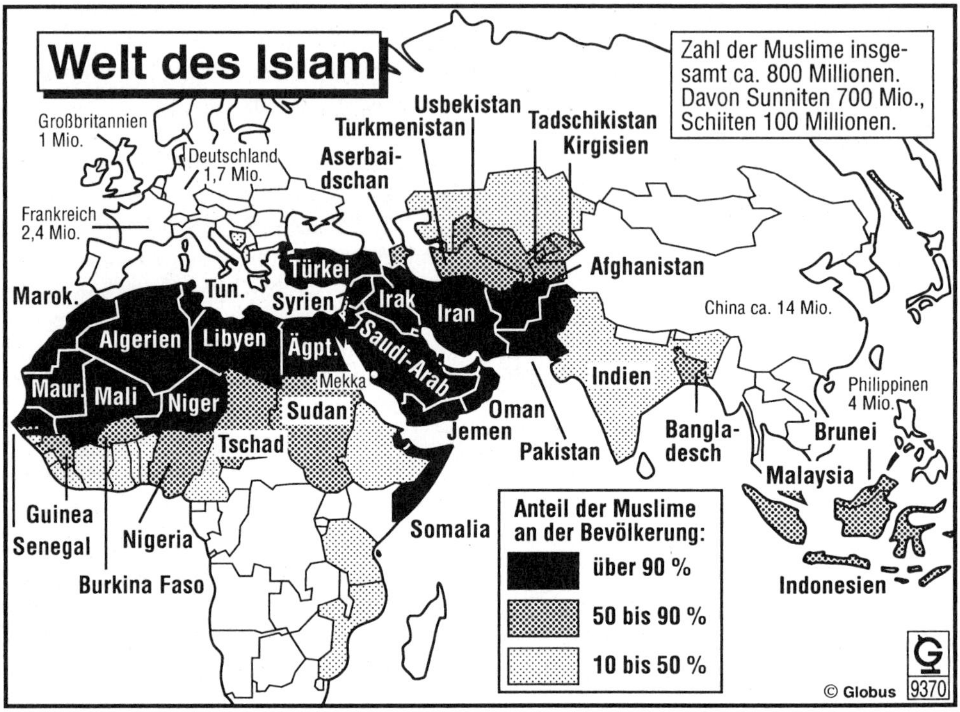

48 Religionsstatistik

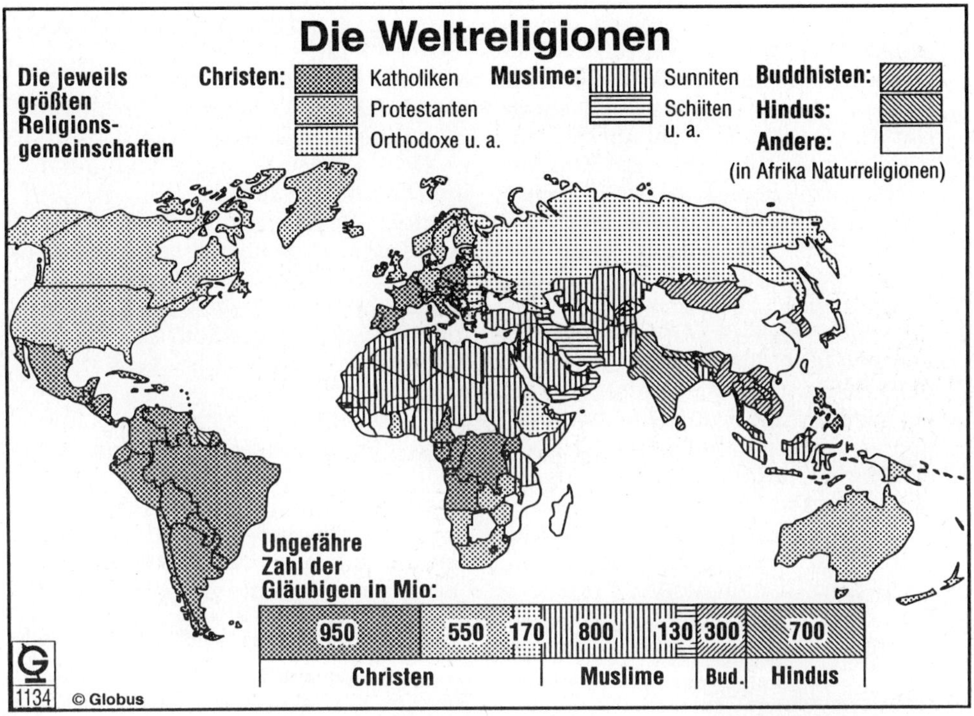

49 Joachim Fritz-Vannahme, Feindbild Islam

Algerien ist kein zweiter Iran

Was wird Rom ohne seine Feinde sein! klagte Cato nach dem Fall Karthagos. Wir können ihm den Verlust nachfühlen: Kaum ist der Kommunismus verschwunden, wird der Islam zu unserem Lieblingsfeind. In Algerien greifen die Bärtigen der Heilsfront nach der Macht. In den Moslemrepubliken der einstigen Sowjetunion fallen Nuklearwaffen in Hände, die bisher den Gebetskranz hielten. Am Jordan laufen moslemische Hitzköpfe den alternden Fedajin um Jassir Arafat den Rang ab. Die Angst vor Allahs Anhängern fährt uns wieder in die Glieder. Schon macht das Gespenst eines Moslemreiches vom Atlas bis zum Indus Schlagzeilen.

Irrige Vergleiche

Doch der Islam hat viele Gesichter. Die meisten sind still und friedlich, einige nur grell oder grausam. Dreiviertel aller Moslems leben östlich von Oman, sind Asiaten und nicht Araber, kümmern uns wenig und begegnen ihren Glaubensbrüdern aus anderen Gegenden allenfalls auf großer Pilgerfahrt. Eine islamische Komintern gibt es nicht: Diese Weltreligion droht uns nicht mit Weltrevolution.

Der alte Traum von der Umma, der Gemeinschaft der Gläubigen, ist in den beiden Golfkriegen wieder einmal zerplatzt. Auf dem Schlachtfeld blieb auch die Idee einer arabischen Nation. Der weitgereiste Ibn Chaldun spottete schon vor einem halben Jahrtausend über die Araber, die sich nach Einigkeit sehnen, solange sie nur dem Nachbarstamm nicht nützt. Auch heute gilt zwischen Casablanca und Kuwait City: Jeder für sich, Allah schützt uns alle.

Der flinke Vergleich zwischen Algerien und dem Iran führt in die Irre. In Algerien greifen Sunniten, getragen von einer sozialen Bewegung, einer Revolution von unten, in freien Wahlen nach der Macht. Im Iran hingegen putschte sich 1979 ein schiitischer Klerus, Avantgarde im Namen Allahs, an die Macht und peitschte seine Revolution von oben durch. Der Ajatollah Chomeini hatte nicht nur Charisma, er galt auch als großer Theologe. Die Prediger von Algier reichen ihm in beiden Sparten nicht das Wasser.

Der Umsturz am Golf kam aus heiterem Himmel; der Umbruch am Mittelmeer hat seinen Vorläufer in der Revolte gegen die französischen Kolonialherren. Die persischen Mullahs träumten anfangs von Dschihad - Heiligem Krieg - und Revolutionsexport. Die algerischen Imame zielen auf nichts dergleichen; sie verheißen ihren Anhängern nicht mehr als eine gestärkte und geeinte Nation. Sie finden eine marode Wirtschaft vor, wo Chomeini zu Beginn über ein vergleichsweise modernes Land herrschte.

Den Preis für die Revolution unter dem Banner des Propheten freilich zahlen auch dieses Mal die wenigen prowestlichen Privilegierten - und die Frauen, die von den Vorbetern im Iran unter den Tschador und in Algerien unter den Hidschab gezwungen werden.

Barbarisch und mittelalterlich muten uns diese Sitten an. Aber in Algerien droht kein Rückfall in finstere Zeiten. Dort rebellieren vielmehr die Kinder einer unvollendeten Moderne. Plebejisch und nicht bäuerisch sind diese Massen, die aus den Moscheen zur Macht drängen, Städter, die bei allem Elend nicht im Traum daran denken, im Dorf der Ahnen ihre Wurzeln und ihre Zukunft zu suchen.

Demokratie hat das alte Regime der desillusionierten Jugend erst angeboten, als die Regale seines Staatssozialismus endgültig leergefegt waren. Eine Werbung für Freiheit und Gleichheit war das gewiß nicht. Vom westlichen Modell lernten die Araber in Algier wie anderswo nur die miserable Kopie kennen, und selbst davon nur die düstere Seite; gescheiterte Industrialisierung und forcierte Verstädterung. Das ist die Moderne, die sie erleben und erleiden mußten und der sie entkommen wollen.

Revolte gegen das Elend

Sympathisch finden müssen wir die Revolte der Islamisten darum nicht. Doch unsere Angst vor dem Islam setzt am falschen Punkt an. Der Vorwurf der Barbarei galt gestern noch den weltlichen Herrschern des Orients. Haftbar machte der Westen vorschnell erst die arabischen Nationalisten, neuerdings die radikalen Islamisten. Aber die Ursache der Revolte ist das Elend, nicht der Glaube, und ihr Ziel ist nicht der Weltenkampf zwischen Orient und Okzident, sondern die Verbesserung der eigenen Lage durch Modernisierung. Ganz ohne den Westen kann die nicht gelingen - doch auf rein westliche Weise auch nicht.

Wer Algerien mit dem Koran in der Hand bessern will, wird jedenfalls auch seinen Glauben anpassen müssen. Am Ende der islamistischen Revolte könnte darum unter dem Zwang der Verhältnisse ein längst überfälliger Islam der Moderne stehen.

Aus: „Die Zeit“

50 Benazir Bhutto

Pakistanische Premierministerin, aufgenommen während ihres Besuchs in London am 12. Juli 1989.

Foto: dpa

51 Mohammed, der Befreier der Frauen

Darstellung, wie Mohammed einen Fluch der Menschheit aufhob, nämlich die Sklaverei der Frau. Vor Mohammed waren Frauen in allen Ländern in der gleichen Stellung wie Sklaven und Vieh. Damals war die Frau nicht Eigner ihres Besitzes. Ihr Ehemann wurde als Eigentümer ihres Besitzes angesehen. Sie hatte keinen Anteil am Besitz ihres Vaters noch konnte sie den Besitz ihres Ehemannes erben.

Mit der Heirat wurde sie Eigentum des Ehemannes, konnte sich nicht von ihm trennen. Er allein konnte sich von ihr scheiden lassen. Ob sie gequält wurde, er ihr untreu war, seine Verpflichtungen ihr gegenüber nicht leisten oder davonlaufen wollte, es gab kein Gesetz, das sie schützte. Es war ihre Pflicht, sich ihrem Schicksal zu fügen, für ihren Unterhalt und ihre Kinder zu arbeiten. Er konnte sie schlagen, mit seinem Tod wurde sie z. T. in einigen Ländern Eigentum der Familie des Mannes, die sie wieder verheiraten konnte nach ihrem Gutdünken. Männer konnten ihre Frauen verkaufen oder beim Spiel versetzen. Frauen hatten kein Recht über ihre Kinder.

Nach dem Tod konnte die Verwandtschaft über das Erbe - Besitz des Mannes - verfügen, sie selber hatte kein Recht auf einen Anteil.

Da erklärt Mohammed die ihm von Gott besonders aufgetragene Aufgabe, die Rechte der Frauen zu schützen. Männer und Frauen sind aufgrund ihrer Menschlichkeit einander gleich. In der Ehe seien die Rechte beider gegenüber dem Partner gleich. Frauen besitzen ihr eigenes Eigentum und verfügen selbst darüber. Der Ehemann kann nur mit Einwilligung der Frau über ihren Besitz verfügen und umgekehrt. Nur was sie ihm aus eigenem freien Willen überläßt, darf er benützen. Die Frau ist erbberechtigt beim Tod ihrer Eltern wie ihre Brüder. Dabei die ledige Tochter mit gleichen Teilen wie Brüder, wenn verheiratet, die Hälfte, weil ja teils durch den Ehemann versorgt. Auch die Mutter erhält Anteil des verstorbenen Sohnes. Die Witwe erbt ebenso wie die Kinder, damit sie unabhängig leben kann. Obwohl die Ehe eine heilige Verbindung ist, kann sie geschieden werden, wo religiöse, physische, wirtschaftliche, soziale oder geistige Unterschiede so stark sind, daß sie das Leben des Partners ruinieren und den Lebenszweck töten. Scheidung ist durch gemeinsame Erklärung möglich. Wo der Ehemann dagegen ist, kann die Frau zwei Leute hinzuziehen, die die beiden Seiten vertreten. Diese helfen, Unstimmigkeiten zu schlichten bzw. wenn Verständigung unmöglich ist, die Scheidung zu vollziehen.

Wenn eine Frau drei Jahre lang unversorgt vom Ehemann leben muß, ist sie frei, wieder zu heiraten. Dabei ist der Ehemann weiter für den Unterhalt der Kinder verantwortlich. Wo der Mann sich von der Frau entfremdet, hat er das Haus der Frau zu überlassen, denn der Haushalt ist Eigentum der Frau. Sie bestimmt auch die Erziehung der Kinder.

Zusammenfassung der Argumente von Mirza Mahmud Ahmad

52 Ein jemenitischer Ehevertrag

Der Jemen ist neben Saudi-Arabien das konservativste Land Vorderasiens. Wenn auch für den Ehevertrag kein festgelegtes Muster vorgeschrieben ist, so kann doch das nachfolgende in anderen streng islamischen Ländern (z. B. Saudi-Arabien) übliche Vertragsmuster zugrunde gelegt werden, das auf eine Eheschließung zwischen einem Muslim und einer christlichen Europäerin abgestimmt ist und entsprechend eine Belehrung der Braut durch den islamischen Richter über das islamische Ehe- und Scheidungsrecht enthält:

Ehevertrag

Am ______________ 1375 Muslimischer Zeit, entsprechend dem 19. Oktober 19___ um 11 Uhr europäischer Zeit, erschienen vor mir, dem Kadi ______________, Richter beim Amtsgericht ______________

1. Herr ______________ geboren in ______________ im Muslimischen Jahr ______________, Sohn des ______________ und der ______________ Ehefrau, Tochter des ______________, ungefähr ______________ Jahre alt, wohnhaft in ______________, islamischer Religion, Staatsangehöriger der Arabischen Republik Jemen und von Beruf Angestellter der ______________

2. Fräulein ______________ geboren in ______________ Tochter des ______________ und der Ehefrau ______________, Tochter des ______________, Jahre alt, wohnhaft in ______________ Religion, ______________ Staatsangehörigkeit, Beruf: ______________

Die Erschienenen, beide volljährig und klar bei Verstand, erklärten in Gegenwart der unterzeichneten Zeugen, nämlich: ______________, daß sie nach dem Islamischen Gesetz in der Ehe vereint zu werden wünschten.

Ich erkläre ihnen dazu, daß das islamische Gesetz folgende Bestimmungen enthält:

1. Der Ehemann kann, wenn kein gesetzlicher Hinderungsgrund vorliegt, zwei, drei oder vier Ehefrauen zu gleicher Zeit in gleicher Ehe haben; dabei ist der Widerspruch einer Frau, mit der er bereits in Ehe vereinigt ist, ohne Belang.
2. Er kann seiner Ehefrau gegenüber, wenn immer es ihm gefällt, mit ihrer Zustimmung oder ohne sie, die Scheidung aussprechen. Er kann ihr auch die Genehmigung verweigern, sein Haus ohne seine Erlaubnis zu verlassen.
   Er hat das Recht sie zu zwingen, in seinem Haus zu bleiben, und sie kann nach dem Gesetz mit Gewalt gezwungen werden, ihm zu gehorchen.
3. Wenn der Ehemann gegen seine Ehefrau eine widerrufliche Scheidung ausspricht, kann er sie, auch ohne ihre Zustimmung, jederzeit vor Ablauf ihrer gesetzlichen Wartezeit zurückholen; wenn dagegen die Scheidung unwiderruflich ist, kann die Frau nur mit ihrer eigenen Zustimmung, bei Gewährung eines

neuen Heiratsgeldes und kraft eines neuen Ehevertrages zurückgeholt werden. Wenn aber die Ehefrau dreimal geschieden ist, kann der Ehemann sie nur zurückholen, wenn sie wiederverheiratet war und diese neue Ehe durch Scheidung oder durch Tod des anderen Gatten aufgelöst wurde.

4. Wenn die Scheidung vor Aufnahme der Ehe ausgesprochen wird und wenn die Summe des Heiratsgeldes festgelegt ist, steht der Frau nur die Hälfte dieser Summe zu; wenn die Scheidung jedoch nach Aufnahme der Ehe ausgesprochen wird, steht ihr der ganze Betrag zu.
Die Frau, die schon einen Teil des Heiratsgeldes empfangen hat, ist berechtigt, den Rest anzufordern.
Wenn das Heiratsgeld nicht festgelegt ist und die Scheidung vor Aufnahme der Ehe stattfindet, ist die Frau nur berechtigt, von dem Manne ein Kleid zu verlangen, wie es im Gesetz bestimmt ist; wenn dagegen die Scheidung nach Aufnahme der Ehe stattfindet, ist sie zu dem üblichen Heiratsgeld berechtigt, dessen Höhe durch den Richter oder durch Vereinbarung zwischen den Parteien festgelegt wird.
Die Frau ist auch berechtigt, die Kosten ihres Lebensunterhaltes während ihrer gesetzlichen Wartezeit zu erhalten, wenn die Scheidung nach Aufnahme der Ehe erfolgte; aber sie ist dazu nicht berechtigt, wenn die Scheidung vorher stattfindet. Die Summe, die für den Lebensunterhalt zu zahlen ist, wird durch den Richter oder durch Vereinbarung zwischen den Parteien festgesetzt.

5. Die Kinder, die in der Ehe einer Frau mit einem islamischen Ehemann geboren werden, folgen der Religion des Letzteren. Im Scheidungsfalle hat die Frau das Recht, ihre Kleinkinder weiter zu stillen; die Kosten sind vom Vater zu tragen. Die Frau hat weiterhin das Sorgerecht für die Kinder; die Kosten werden durch den Richter oder im Einvernehmen der Parteien festgesetzt.
Das Sorgerecht der Frau dauert sieben Jahre für Knaben und neun Jahre für Mädchen, wenn es nicht aufgrund irgendeiner Verhinderung von dem Richter anders festgesetzt wird.

6. Verschiedenheit der Religion ist eines der gesetzlichen Hindernisse, die dem Erbrecht entgegenstehen; der überlebende Gatte kann deshalb den Verstorbenen, der nicht seiner Religion angehörte, nicht beerben.

Nachdem das Obenstehende vorgelesen wurde und die darin erwähnten Parteien seinen Inhalt verstanden haben, erklärten sie sich durch die darin enthaltenen gesetzlichen Bestimmungen ebenso wie durch die anderen islamischen gesetzlichen Vorschriften gebunden. Ich habe mich überzeugt, daß kein gesetzliches oder verwaltungsmäßiges Hindernis der Ehe der Parteien entgegensteht.

Darauf hat der besagte Herr ____________ in eigener Person und in eigener Sache Fräulein ____________ gefragt, ob sie ihn bei einem Heiratsgeld (mahr) von: ____________ ehelichen wollte. Die Letztgenannte, in eigener Person und eigener Sache, antwortete zustimmend. Frage und Antwort wurden in dieser Verhandlung vor den unterzeichneten Zeugen ____________ und ____________ getätigt, die die beiden Parteien und ihre Familien kennen, die ferner das Verlesen des Vertragsinhalts und die Annahme der darin erwähnten Bedingungen durch die Parteien angehört und deren Sinn verstanden haben.

Daher ist im Namen des Gesetzes Herr ________ in Ehe vereint mit Frau ________, wobei vom eben erwähnten Heiratsgeld ________ im Standesamt vor Zeugen gezahlt worden sind. Die übrigen ________ sind mit Einwilligung der Ehefrau beim Ehemann verblieben.

Zum Zeugnis hiervon unterschreiben die Parteien diese Akte zusammen mit den Zeugen und mir selbst nach ihnen.

Dreifach ausgefertigt, eine Ausfertigung für den Ehemann, eine für die Ehefrau und eine weitere zum Verbleib in der Registratur.

Die Kosten der zwei Ausfertigungen stellen sich auf ________ zuzüglich Reg.-Gebühren von ________. Der Gesamtbetrag von ________ wurde bezahlt.

Unterschriften:

Der Ehemann	Die Ehefrau
Die Zeugen	Der Richter
Es beglaubigt dieses:	
Der Standesbeamte.	

Anmerkungen:

Allgemein wird jede zwischen zwei Partnern in Anwesenheit von zwei Zeugen und einem verantwortlichen Mann der Öffentlichkeit (also auch vor einem Notar) geschlossene Ehe als gültig angesehen.

Der Koran hat Gesetzeskraft. Eine privatrechliche Vereinbarung zwischen den Ehegatten, die die koranischen Rechte des Ehemannes einengen soll, ist daher ungültig. Dem koranischen Gesetz widersprechende Forderungen (wie die Einehe) sind daher nicht einklagbar und somit auch nicht vollstreckbar.

53 Die Stellung der Frau im türkischen Zivilrecht

Art. 152:
Der Mann ist das Oberhaupt der ehelichen Verbindung. Er bestimmt den gemeinsamen Wohnsitz und sorgt in angemessener Weise für den Unterhalt von Frau und Kindern.

Art. 153:
Die Frau führt den Familiennamen des Mannes. Sie ist ihm nach Maß ihrer Kräfte zu Hilfe und Rat für eine gedeihliche Lebensgemeinschaft verpflichtet. Sie führt den Haushalt.

Art. 155:
Für die laufenden Bedürfnisse des Haushalts wird die eheliche Gemeinschaft von der Frau wie vom Manne vertreten. Der Mann haftet für die Handlungen seiner Frau, sofern sie ihre Befugnisse nicht in einer Art und Weise überschreitet, die für Dritte erkennbar ist ...

Art. 162:
Jeder Ehegatte ist berechtigt, nach Einreichung einer Klage auf Scheidung oder Trennung von Tisch und Bett die eheliche Gemeinschaft aufzuheben. ...

Art. 263:
Die Eltern üben die elterliche Gewalt während der Ehe gemeinsam aus. Bei Meinungsverschiedenheiten entscheidet der Vater.

Aus: A. Bergmann (Hrsg.), Internationales Ehe- und Kindschaftsrecht, Bd. 6

Nach den aufsehenerregenden Äußerungen des deutschen Botschafters in Marokko:

Zwei Musliminnen nehmen Stellung

„Die Männer stehen den Frauen in Verantwortung vor.“ Das ist eines der Statements, mit denen der deutsche Botschafter in Marokko, Murad Wilfried Hofmann Aufsehen erregte. Hofmann trat vor zwölf Jahren zum Islam über und ist seitdem gläubiger Moslem. Er ist einer von ungefähr 100 000 Muslimen mit deutscher Staatsangehörigkeit. Von diesen kommen ungefähr 30 000 durch Heirat mit dem Islam in Kontakt. Den Muslimen stehen 700 Moscheen in Deutschland zur Verfügung. Sonntag Aktuell sprach mit zwei deutschen Musliminnen darüber, wie sie zu solchen und ähnlichen Aussagen stehen. Was bedeutet es für sie als Muslim in Deutschland zu leben?

Die Orientalistikstudentin *Mona Naggar (26)*, Tochter eines syrischen Muslim und einer Deutschen, lebt seit ihrem fünfzehnten Lebensjahr in Deutschland. Sie ist praktizierende Muslimin. „In gewissem Sinne ist es leichter in einem nicht-islamischen Umfeld zu leben, sich abzugrenzen und andere zu verurteilen“ gibt sie zu. Allerdings fehlt ihr in Deutschland auch der Austausch mit anderen Muslimen, was sie auf Dauer unbefriedigend findet.

„Ich kann die Grundsätze dieser Gesellschaft nicht vertreten, denn sie ist nicht auf religiösen Werten aufgebaut“, sagt sie. So kann sie auch nicht verstehen, wie Murad Hofmann als Muslim deutscher Diplomat sein kann, also einen nicht-islamischen Staat vertreten kann. Den wirklich islamischen Staat sieht sie allerdings nirgends verwirklicht. Ein solcher muslimischer Staat müßte, „eine demokratische Form haben, mit verschiedenen Parteien“. Oberstes Prinzip in diesem Staat: „Alle Menschen sind gleich.“ Das gelte für Männer und Frauen, betont sie nachdrücklich: „Bei der Aufgabe von Männern und Frauen gibt es keinen Unterschied, auch nicht in der Familie.“

Mona Naggar findet es nicht unbedingt gut, wenn ein Mann mehrere Frauen hat. Sie kann aber die Monogamie auch nicht als die einzig mögliche Lebensform anerkennen. Sie selbst würde eine andere Frau nicht akzeptieren. Auch stehe es einem Mann nicht zu, seine Frau zu schlagen.

Bestimmte Bereiche sollten aber dennoch für Männer sein, andere eher für Frauen. „Strikte Geschlechtertrennung ist nicht gut, weil's zum Nachteil der Frau ist", bemerkt sie. Eine Diskriminierung von Frauen durch das Kopftuchtragen sieht sie nicht: „Die Kleidervorschriften sind da, um den Kontakt zwischen Männern und Frauen zu regeln", erklärt sie. Sie kann sich aber auch vorstellen, „ohne Kopftuch zu gehen". Schön würde sie es finden, wenn „vieles lockerer wäre" und auch das Kopftuchtragen nicht mehr als Provokation gesehen würde.

Und was hält sie von den immer wieder beschworenen Expansionsbestrebungen des Islam? „Es ist mir egal, ob die Leute zum Islam übertreten oder nicht. Jeder hat einen Verstand, den er gebrauchen soll."

Emine Kaynak (35) ist vor sechs Jahren bei ihrer Heirat mit einem türkischen Moslem zum Islam übergetreten. Ihr Leben ist seither straffer und konsequenter, sagt sie: „Der Tag ist durchwoben vom Bewußtsein zu Gott." Andere bekehren will sie nicht. Es ist ihr aber wichtig, Vorurteile gegenüber Muslimen abzubauen. Der Wirbel um Botschafter Murad Hofmann diene manchem, einen „Feldzug gegen den Islam" zu führen.

Muslim zu sein, bedeutet für Emine Kaynak auch, sich an bestimmte Gebote „als Konsequenz innerer Wandlung" zu halten: zum Beispiel kein Schweinefleisch zu essen, keinen Alkohol zu trinken und auch ein Kopftuch zu tragen. Das Kopftuch ist „wie ein Zelt" zur Abgrenzung gegenüber anderen.

„Frauen sind nicht weniger wert als Männer", bemerkt sie. Sie haben nur

verschiedene Rollen: Der Mann ist für die Familie verantwortlich. Er muß sie materiell sichern. Die Frau ist für das, was sich innerhalb des Hauses abspielt zuständig. Das hieße aber keinesfalls, daß Frauen keinen Beruf ausüben sollen oder ins Haus eingepfercht werden sollen. Trotz prinzipieller Gleichheit stehe es dem Mann zu, eine zweite Frau zu heiraten. Dies sei aber nur dann rechtens, „wenn beide in Demut vor Gott sich nach den Geboten richten", betont sie nachdrücklich.

Eine wesentliche Ursache dafür, daß die Position der muslimischen Frau nicht besonders gut ist, sieht Emine Kaynak darin, daß es keinen islamischen Staat gibt. Denn in dem idealen islamischen Staat könnten die Frauen ihre Rechte vor dem Kadi einklagen.

Astrid Czerny

Aus: „Sonntag aktuell" vom 5. April 1992

55 Stauber, In der Schachtel

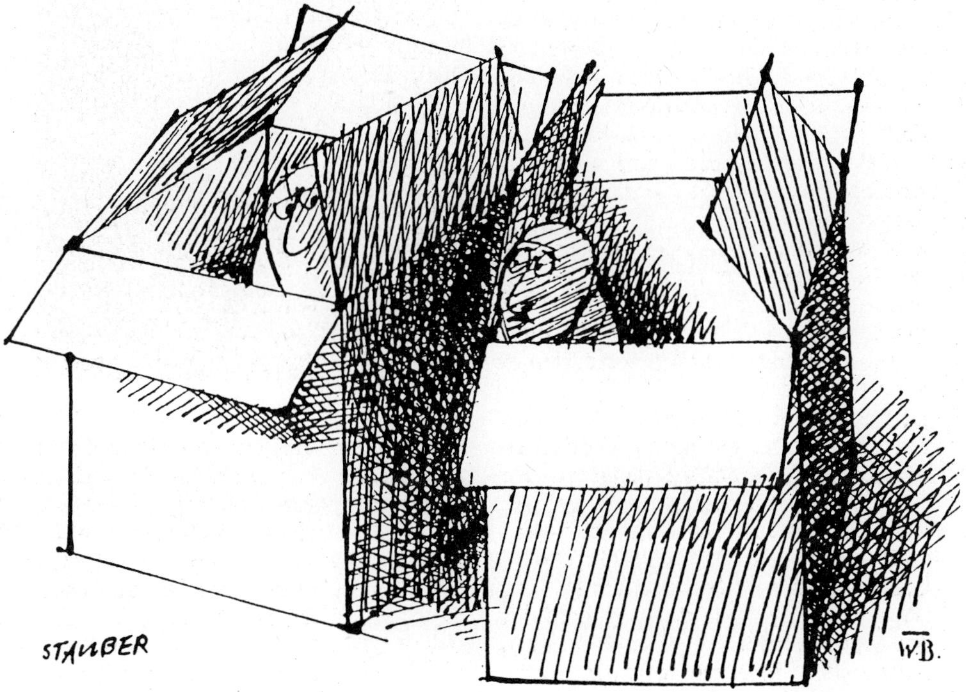

Aus: „Publik-Forum“ vom 29. November 1991

56 Walter Schmidt, Glaubensbekenntnis

Ich glaube an Gott,
(den Vater), den Allmächtigen,
den Schöpfer des Himmels und der Erde,
und an Jesus Christus,
(seinen eingeborenen Sohn, unseren Herrn),
empfangen durch den Heiligen Geist,
geboren von der Jungfrau Maria,
gelitten unter Pontius Pilatus,
(gekreuzigt), gestorben (?) (und begraben),
(hinabgestiegen in das Reich des Todes),
(am dritten Tage auferstanden von den Toten),
aufgefahren in den Himmel,
(er sitzt zur Rechten Gottes),
(des allmächtigen Vaters),
von dort wird er kommen,
(zu richten die Lebenden und die Toten).
Ich glaube an den Heiligen Geist,
(die heilige christliche Kirche),
(Gemeinschaft der Heiligen),
Vergebung der Sünden,
Auferstehung der Toten
und das ewige Leben.

Aus: Walter Schmidt, Islam

57 Dürfen türkische Mädchen mit ins Schullandheim?

Der Klassenlehrer hatte alle Eltern zu einem Informationsabend in die Schule eingeladen. Es wurde über Dauer und Kosten des Aufenthalts im Schullandheim gesprochen. Besondere Fragen der ausländischen Eltern wurden beantwortet. Auch ich hatte einige Gespräche darüber mit den Schülerinnen geführt. Die Eltern hatten mich um Rat gebeten. Und nun das abschließende Gespräch mit Saray.

Frau R.: Saray, deine Eltern haben dir erlaubt, ins Schullandheim zu fahren, freust du dich darauf?

Saray: Ja schon, aber ich bin mir nicht sicher.

Frau R.: Weshalb nicht?

Saray: Meine Eltern können sich nicht vorstellen, daß ich zwei Wochen fort sein werde. Außerdem muß ich die Putzarbeit zuhause machen.

Frau R.: Weshalb haben deine Eltern dann zu mir gesagt, du könntest mitfahren?

Saray: Sie würden mich vielleicht mitfahren lassen, wenn es die Bekannten und Verwandten nicht erfahren würden.

Frau R.: Was haben deine Verwandten damit zu tun?

Saray: Sie glauben, daß man im Schullandheim, es sind ja auch Jungen dort, verdorben wird. Im türkischen Fernsehen kam nämlich einmal ein Film über deutsche Schullandheime. Da soll es ziemlich unmoralisch zugegangen sein, und ein Mädchen kam schwanger zurück.

Frau R.: Hast du auch solche Bedenken?

Saray: Nein, ich glaube auch nicht alles, was die anderen sagen, ich kann auf mich selbst achtgeben. Aber meine Eltern würden mir vielleicht doch nicht glauben. Ich müßte im Schullandheim dauernd an meine Eltern denken und an ihr Mißtrauen. Das würde mir die Freude verderben, deshalb bleibe ich hier.

Frau R.: Bist du traurig, daß du jetzt hierbleiben wirst?

Saray: Ja, ein bißchen schon. Aber dann denke ich wieder, daß alle Töchter meiner türkischen Bekannten und Verwandten ja auch nicht ins Schullandheim gehen dürfen. Darum ist es mir dann auch wieder egal.

Saray ist 18 Jahre, Realschülerin

Aus: Erfahrungen beim Brückenbauen. Gespräche mit muslimischen Schülern. Herausgegeben von der Stadt Ludwigsburg

58 Zahlen der Ausländer aus Staaten mit mehrheitlich muslimischer Bevölkerung in der Bundesrepublik Deutschland

(ohne die neuen Bundesländer)

	31.12.88	31.12.89	30.09.90
Ägypten	8091	8640	9387
Äthiopien	13576	15774	17473
Afghanistan	17427	22461	28606
Algerien	5069	5924	6645
Bangladesch	3383	3225	3534
Indonesien	7044	7383	8231
Irak	4491	4900	5563
Iran	73032	81331	89679
Jordanien	9749	10384	11152
Libanon	22257	30053	43443
Marokko	52069	61848	67458
Pakistan	17137	19690	23233
Somalia	1242	3012	5149
Syrien	9124	10697	13655
Türkei	1523678	1612623	1675911
Tunesien	21628	24292	25897

Diese Zahlen geben allerdings keinen genauen Aufschluß darüber, wie viele Muslime sich vor einem Jahr in der Bundesrepublik Deutschland aufhielten. Denn einerseits sind bei den angeführten Zahlen auch die Angehörigen von christlichen und anderen religiösen Minderheiten mitgezählt; die Religionszugehörigkeit wird vom Statistischen Bundesamt nicht erfaßt.

Der Zuwachs der ausländischen Wohnbevölkerung ist teilweise auf die Zuwanderung von Ausländern nach Deutschland zurückzuführen und teilweise auf die im betreffenden Zeitraum hier geborenen Kinder ausländischer Familien.

Quelle: Statistisches Bundesamt

59 Die Gruppierungen im Islam

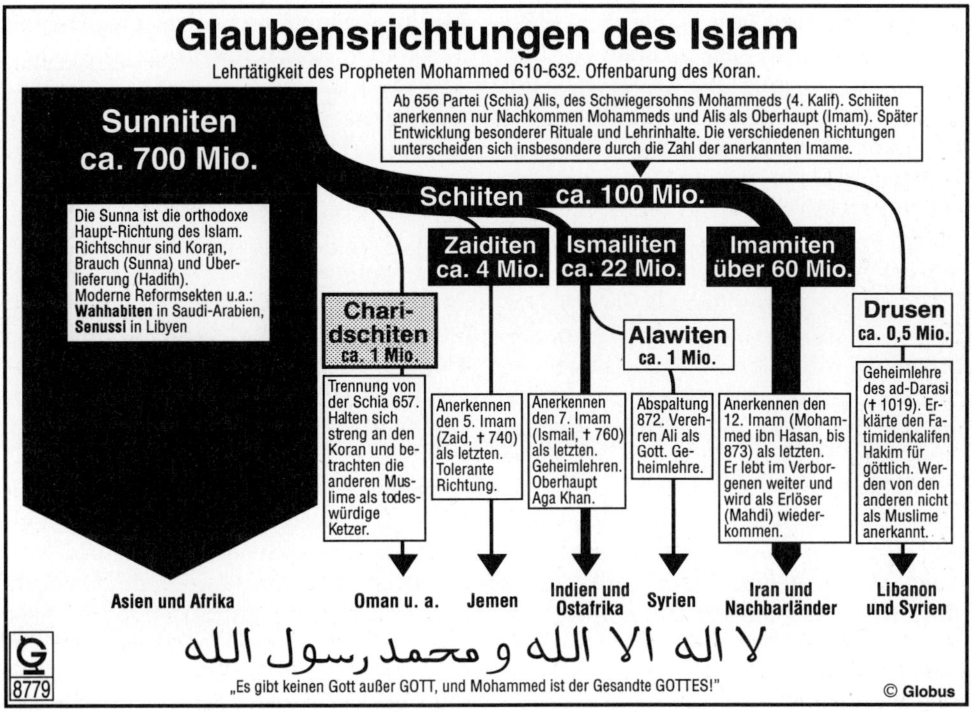

60 Thomas Dreessen, Türen öffnen

Das gemeinsame Essen

In meiner ersten Woche im Stahlwerk sah ich in der riesigen Werkhalle nur die Kräne mit den Gefäßen voller Flüssigkeit am Haken. Da kommst Du Dir vor wie ein Zwerg. Die Halle zitterte vom Lärm der Maschinen. Ich sollte jetzt wie sie funktionieren. Unter den kontrollierenden Blikken des Vorarbeiters säuberten wir die Gießplatten, mit brennenden Sohlen. Der Takt der Maschine trieb uns: Hasan, Sükrü, Hans, Muzaffer, Paul und mich.

Plötzlich legten die Kollegen das Werkzeug weg: Wir stapften zu einem kleinen Verschlag am Boden der Halle - fast nicht zu erkennen als Behausung für Menschen. Hasan krempelte sich die Ärmel hoch und reinigte den Tisch, dann wuschen sich alle und legten ihre mitgebrachte Nahrung auf den Tisch: Brot, Gemüse aus dem Schrebergarten, Suppe, türkische Spezialitäten ... „Laßt uns zusammen essen!" rief Sükrü. Ich legte mein Brot und Obst dazu. Dieses gemeinsame Essen gab uns Kraft, uns nicht völlig an die Maschine zu verlieren.

Alles Gute zu deinem Fest

Morgens, am 24. 12., stand Frau T. in ihrer Küche. Sie hatte alle Hände voll zu tun mit den Vorbereitungen für den Heiligen Abend, als es klingelte. „Wer wird das sein? Der muß doch wissen, daß jetzt keine Zeit ist!" Frau T. wischte sich die Hände an der Schürze ab und eilte zur Tür.

Draußen stand Fatima, das Mädchen von nebenan. Gegrüßt hatte man sich schon immer - mehr nicht. Was sie nur wollte? Und gerade jetzt?

Fatima zog einen Kasten Pralinen hervor und reichte ihn Frau T. „Alles Gute zu Deinem Fest!" sagte sie.

Frau T. freute sich und zugleich schämte sie sich ein wenig. Beim nächsten Ramadan-Fest der Muslime hat sie ihre Nachbarn auch beglückwünscht. In ihrer Gemeinde wuchs daraus ein gemeinsamer Festkalender: Brückenbauen zum Miteinanderleben.

Niemand hat mich eingeladen

Bei einem Besuch in der Merkez Camii fragte Yakup, der Vorsitzende des Moscheevereins, eine anwesende deutsche Lehrerin: „Warum bis Du vorher noch nie in unsere Moschee gegangen? Warum hast Du Dir unser Gebet nicht angeschaut?

Sie antwortete: „Ich habe mich nie getraut. Wie steht es mit Dir? Du lebst jetzt zwanzig Jahre in unserer Stadt und kennst auch keine Kirche von innen. Warum?"

Yakup: „Niemand hat mich eingeladen!"

Die gegenseitigen Besuche haben Türen geöffnet. Das Miteinander wird nicht geschaffen ohne die Anerkennung unseres innersten Lebens - des Fremdesten.

Aus: S. Roschke-Bugzel/A. Buß, Geisteskinder - Ein Lesebuch zum Kirchentag

61 Die „Goldene Regel“ und der Umgang mit Fremden (Auszug)

Alles nun, was ihr wollt, daß euch die Menschen tun sollen, das tut ihr ihnen auch! Denn darin besteht das Gesetz und die Propheten. (Mt 7,12)

Diese allgemeine Regel, die Jesus in der Bergpredigt seinen Jüngern für ihr Verhalten gegeben hat, wird oft als die „Goldene Regel“ bezeichnet. Sie ist nicht nur ein guter und weiser menschlicher Rat. Nach der Aussage Jesu ist sie eine Zusammenfassung aller Gebote Gottes.

„Was du nicht willst ...“
Was uns wehtut, was uns stört, das bemerken wir am schnellsten. - Ob das ein Grund dafür ist, daß es in einem bekannten Sprichwort heißt: „Was du *nicht* willst, das man dir tu’, das füg’ auch keinem andern zu!“?

Die Aussage Jesu ist viel umfassender. Aber: fangen wir einmal an, darüber nachzudenken, was wir *nicht* wollen: Was hat uns wehgetan, beleidigt, verletzt in Situationen, wo wir selber einmal „Fremde“ waren, wo Menschen eines anderen Volkes über uns geredet haben? Das kann uns ein erster Anstoß sein zum Nachdenken und Nachempfinden.

1. Was empfinden wir, wenn über unser Land verzerrte Informationen oder gar Lügen weitergegeben werden?

2. Wie reagieren wir, wenn etwas an unserem Verhalten, das anderen fremd, unverständlich oder ungewohnt vorkommt, von diesen einfach als falsch, primitiv oder böse abgewehrt wird - oder auch „nur“ lächerlich gemacht wird?

3. Stört es uns gar nicht, wenn über uns nur (oder mit zu starker Betonung) das Schlechte weitererzählt wird - und das Positive völlig unter den Tisch fällt? - Denken wir dann nicht, daß die anderen nur darum so negativ über uns reden, um sich selber besser fühlen zu können?

4. Können Sie sich erinnern an eigene Reaktionen auf pauschale Urteile über „die Touristen“, „die Deutschen“, „die Christen“ ...? - Wenn z. B. alle europäischen Frauen für unmoralisch gehalten werden, weil einige Touristinnen sich „danebenbenehmen“? - Ich möchte jedenfalls nicht einfach mit solchen Deutschen in einen Topf geworfen werden, die durch ihr unsensibles Verhalten, etwa ihren Alkoholkonsum, in muslimischen Ländern Anstoß erregen.

5. Zu recht, meine ich, wehren wir uns dagegen, wenn wir für die Schuld anderer verantwortlich gemacht werden - sei es Schuld aus der Vergangenheit (wie Kreuzzüge und Konzentrationslager), sei es das Versagen anderer Gruppen (wie westliche Politiker oder Waffenproduzenten).

„Was ihr wollt ...“
Stellen wir nun einmal eine Wunschliste auf: Was wünschten wir uns, wenn wir selber irgendwo Fremde wären?

1. Es wäre sicher gut, einen „Vertrauensvorschuß“ zu bekommen. Menschen, in deren Land ich als Fremder leben möchte, sollten offen sein, mit mir zusammen zu leben (mich zumindest leben zu lassen, wie ich es für richtig halte, solange ich dadurch nicht andere verletze), und bereit sein, mich kennenzulernen und zu verstehen.

2. Ich möchte als Individuum behandelt werden, nicht als „Sündenbock“ für die

Fehler der „Westmächte“ oder das anstößige Verhalten anderer „Ausländer“.

3. Ich wünschte mir, daß die anderen mit mir selber offen über entstehende Probleme reden, statt allgemein über „die Deutschen“ etc. zu schimpfen. - Solange die Verständigung mit mir noch nicht ausreichend möglich wäre, wünschte ich mir von den anderen: Geduld!

4. Ich würde mich sehr freuen, wenn andere sich bemühten, mich von meiner Herkunft und Kultur her zu verstehen - wenn andere sich um Informationen bemühten mit dem Ziel, ein gutes Zusammenleben zu ermöglichen und Verletzungen aufgrund von Mißverständnissen zu vermeiden.

5. Es würde mir wohltun, wenn jemand ein gutes Wort für mich oder mein Volk einlegte, während andere alles schlechtmachen.

Sie können diese Wunschliste noch fortsetzen. Jesus regt uns an, über das nachzudenken, „was wir wollen, daß die Menschen uns tun sollen“. Unsere Wünsche können uns helfen, Gottes Willen zu erkennen - denn sie zeigen uns, was wir den anderen Gutes tun können. Und das sollen wir dann auch wirklich tun!

„... das tut ...!“

„Aber wie steht es denn nun mit den Ausländern und den Moslems? Akzeptieren *sie* denn uns? Würden *sie* denn je ein gutes Wort für die Christen finden? Bemühen sie sich denn überhaupt, uns zu verstehen oder ihre eigenen Vorurteile abzubauen?“

Zum einen: Wir persönlich und viele andere haben in islamischen Ländern schon viel Freundlichkeit und bewundernswerte Gastfreundschaft erlebt. Wir kennen auch Muslime hier in Deutschland, denen ein gutes Zusammenleben wichtig ist, die sich um ein faires Urteil über die Deutschen und über die Christen bemühen - die bereit sind, Vorurteile zu korrigieren, wenn man sie daraufhin anspricht. (Wo Ausländer uns mit Mißtrauen und Ablehnung begegnen, beginnen wir zu ernten, was in Jahrzehnten an Mißtrauen, Ablehnung und Feindschaft ihnen gegenüber gesät wurde - und wird.)

Zum anderen: Selbst wenn niemand von den anderen, von den Ausländern, den Muslimen ... sich so verhielte - Jesus sagt nicht: „Wie du mir, so ich dir!“ Sondern Jesus fordert seine Jünger auf: „Fangt *ihr* an, das zu tun, was ihr euch von den anderen wünscht!“ Und er meint nicht einmal, daß wir damit aufhören dürfen, wenn die anderen es uns nicht bald nachmachen.

Hier liegt die Schwierigkeit der einfachen Regel, die Jesus seinen Jüngern gegeben hat: Wir verstehen sie recht gut und wissen ziemlich genau, was wir tun sollten - selbst wenn unsere Empfindungen oder Meinungen in kleinen Einzelheiten voneinander abweichen. Aber es erfordert Mut (Glaubensmut), anzufangen, Gutes zu tun, ohne zu wissen, ob es freundlich aufgenommen und mit Gutem beantwortet werden wird. Und es gibt eine Reihe von Ängsten, Vorbehalten und Vergeltungsgedanken, die überwunden werden müssen.

Die „Goldene Regel“ ist wie eine Schlinge, die uns fängt: Sie zeigt uns, wie gut wir wissen, was „gut“ ist - und wie unwillig wir oft sind, es zu tun. Wie wir uns vielfach von unseren Gewohnheiten oder Augenblicksstimmungen leiten lassen, statt wirklich nach Gottes Willen zu fragen. - Hier zeigt sich, wie weit wir Gott selber überhaupt ernstnehmen. Sein Anspruch jedenfalls ist klar und läßt uns keine Ausflüchte offen: „... das *tut* ihr ihnen auch!“

Aus: Orientdienst-Informationen, Juni 1991

62 Hogli, Die Würde des Menschen

Aus: Karikaturen. Kalender 1991 Blatt vom 20. Mai, Elefanten Press Karicartoon

63 M. A. Thomas, Macht zu Jüngern alle Völker

Herr, du hast uns beauftragt,
alle Völker zu Jüngern zu machen
und sie all das zu halten lehren, was du uns befohlen hast.
„Ein neues Gebot gebe ich euch,
daß ihr euch untereinander liebt;
wie ich euch geliebt habe,
so sollt ihr euch auch gegenseitig lieben."
Du hast uns befohlen, uns gegenseitig zu lieben,
so zu lieben, wie du uns geliebt hast.
In dem Maß, wie wir uns gegenseitig lieben,
wachsen wir in der Jüngerschaft.

Herr,
wir lieben dein Gebot mehr als die Menschen.
Wir lieben unsere Lehren mehr als die Menschen.
Wir lieben unsere Kirchen mehr als die Menschen.
Wir lieben unsere Liturgien mehr als die Menschen.
Wir lieben unsere Leute mehr als die anderen Menschen.

Wir ermahnen die Menschen, Gott zu lieben,
und schreiben dicke Bücher über die Liebe.
Aber es fällt uns so schwer, uns gegenseitig zu lieben.

Wie sollen wir da alle Völker zu Jüngern machen?
Werden die Völker unseren leeren Worten Beachtung schenken?

Aus: M. A. Thomas, Weise den Weg, übersetzt von Joh. Triebel

64 Drei Texte zu den christlich-muslimischen Beziehungen

Aus einer Botschaft des Generalsekretärs des Europäischen Islamrats von 1976:
Von der muslimischen Seite möchte ich unseren christlichen Brüdern unsere uneingeschränkte Zusammenarbeit anbieten, und dieses nicht etwa aus Berechnung, sondern als eine Forderung unseres Glaubens und mit der Absicht, die Menschen zu befähigen, ihr Leben in Wahrheit, Güte, Frömmigkeit und Gerechtigkeit zu führen.

Aus einer Erklärung des Generalsekretärs des Islamischen Weltkongresses von 1973:
Der „Islamische Weltkongreß" ist der Meinung, daß man sich über eine bessere Verständigung von Christen und Muslimen hinaus darüber Gedanken machen muß, wie man die Zusammenarbeit der Anhänger der beiden Religionsgemeinschaften in den Dienst der gesamten Menschheit stellen kann. Die Probleme sozialer Natur müssen dabei ebenso angesprochen werden wie die, die der immer stärker um sich greifende Unglaube und die wachsende Unmoral mit sich bringen.

Der Islam tritt für eine humane Gesellschaft ein, für einen Frieden, der alle Völker umfaßt, alle Menschen, gleich welcher Religion, Rasse, Nationalität oder Hautfarbe.

Aus der Handreichung der Evangelischen Kirsche in Deutschland „Moslems in der Bundesrepublik", 1974:
Im konkreten Vollzug christlicher Existenz geht es darum, die Situation der Moslems zu verstehen, in brüderlicher Solidarität mitzutragen und gemeinsam mit ihnen zum Besseren zu ändern. Die Christen können den Moslems das Zeugnis des eigenen Glaubens nicht schuldig bleiben. Die Sendung der Kirche an allen Orten ist es, als Gottes Werkzeug der Welt die Liebe Gottes und das Heil in Jesus Christus zu bezeugen und Männern und Frauen zu helfen, dort seine Liebe zu erkennen und zu erwidern. Dieser Verkündigungsauftrag gehört zum unveräußerlichen Wesen der Kirche. Dabei wird das Zeugnis von einer großen Offenheit und Achtung vor dem andersgläubigen Menschen, vor seiner religiösen Erfahrung und Prägung getragen sein müssen. Das gelebte Bild christlicher Existenz hat seine Überzeugungskraft in sich selbst.

Zitiert nach: Evang. Missionswerk (Hrsg.), Die Liebe kennt keine Angst

65 Ein Brief der Evangelischen Kirche in Deutschland

Evangelische Kirche in Deutschland

Vorsitzender des Rates

Landesbischof
Dr. Klaus Engelhardt

Vorsitzender des Rates der EKD · Postfach 210220 · D-300 Hannover 21

Büro:
Herrenhäuser Str. 12
D-3000 Hannover 21

Telefon (0511) 2796-103
Telefax (0511) 2796-707

Grußwort

zum Ende des Ramadan

Hannover, den 17. März 1993

Sehr geehrte muslimische Mitbürgerinnen und Mitbürger,

zu Ihrem Fest des Fastenbrechens am Ende des Fastenmonats sende ich Ihnen als Vorsitzender des Rates der Evangelischen Kirche in Deutschland die Grüße der deutschen evangelischen Kirche. Wir wollen Ihnen damit sagen, daß wir Ihren Festen und Bräuchen Beachtung schenken und daß wir uns bemühen, deren Bedeutung zu verstehen und zu würdigen.
Ich grüße Sie mit einem Bibelwort, das in Deutschland für die evangelischen Christen über dieses Jahr gestellt worden ist: „Man muß Gott mehr gehorchen als den Menschen." Wo Menschen diesem Wort folgen, werden nicht so graumsame Dinge geschehen wie in Bosnien-Herzegowina. Wer sich auf Gott ausrichtet, kann Gottes Geschöpfe nicht verachten. Darum schmerzt es uns, wenn wir die Leiden der Bevölkerung in den Spannungs- und Kriegsgebieten sehen. Wo so etwas geschieht, werden menschliche Überlegungen und Planungen über den Willen Gottes gestellt. Gegen Gewalt und Intoleranz haben wir uns deshalb als Glaubende einzusetzen.
Wir wissen, daß Sie mit dem Fest des Fastenbrechens einen Anlaß dazu sehen, sich miteinander zu versöhnen und Streit zu beseitigen. Das ist ein schönes Zeichen.
Auf dem Hindergrund der Ereignisse in der Welt erscheint die Friedensaufgabe als ein wichtiger Auftrag der Religionen. Indem wir Ihnen unsere Glückwünsche zu Ihrem Fest ausdrücken, wünschen wir von Herzen, daß wir uns untereinander in den Bemühungen um den Frieden ermutigen.

Mit freundlichen Grüßen

Ihr Klaus Engelhardt

66 Eine Einladung

Angehörige verschiedener Religionen beten für den Frieden

Dienstag, 19. März, 20.00 Uhr
Schlatterhaus, kl. Saal

Veranstalter: WCRP-Tübingen

Quelle: World Conference on Religion and Peace

67 Einen Baum pflanzen

»TAG DER OFFENEN TÜR«:
junge Deutsche pflanzen einen Baum der Verbundenheit.

Dr. med. Ch. Hilsberg

Schweitzerstraße 15
1000 Berlin 37 (Zehlendorf)
Telefon 801 73 07

5. Okt. 19[illegible]

Y O U N G L I F E B E R L I N

eine überkonfessionell - christliche Jugendorganisation

die sich zum Ziel gesetzt hat:

Jugendliche aus verschiedenen Ländern

Jugendliche unterschiedlicher Weltanschauungen

Jugendliche unterschiedlicher Religionen

Jugendliche der verschiedenen christlichen Kirchen

Jugendliche verschiedener, teilweise verfeindeter Gesellschaftsordnungen und politischer Prägungen

- einander näherzubringen und zusammenzuführen
- Verständnis füreinander, Achtung und Toleranz zu fördern
- und damit einen wichtigen persönlichen Beitrag zum Frieden in dieser Welt zu leisten

Wir pflanzen heute auf dem altehrwürdigen Friedhof der Türkischen Gemeinde in Berlin, an der neuerbauten Moschee am Columbiadamm in Berlin

einen B a u m

zum Zeichen der Verbundenheit mit der Türkischen Gemeinde in Berlin und der Dankbarkeit für ihre Gastfreundschaft

Wir wünschen:

Frieden zwischen Christen und Mohammedanern, zwischen Christentum und Islam in aller Welt

Achtung und Verständnis füreinander

Partnerschaft und Verbundenheit bis hin zur Freundschaft zwischen Deutschen und Türken

Vergebung statt Vergeltung für all das, was nicht in Ordnung ist

Kontakte, besonders zu den Jugendlichen der türkischen Gemeinden in Berlin

Wir erbitten den Segen Gottes, möge er diesen Baum wachsen und gedeihen lassen wie auch die Freundschaft zwischen uns.

Aus: Türkisch-islamische Union der Anstalt für Religion

Quellenverzeichnis

1 Aus: Stuttgarter Zeitung vom 15.10.1991
2 Aus: Michael Mildenberger (Hrsg.), Kirchengemeinden und ihre muslimischen Nachbarn; Verlag Otto Lembeck, Frankfurt a. Main 1990, S. 51
3 Siegfried Schulz
4 Aus: Sigrid Hunke, Allahs Sonne über dem Abendland; Deutsche Verlagsanstalt, Stuttgart, S. 116/117
5 Aus: Gerhard Prause, Genies in der Schule; Econ Verlag, Düsseldorf, S. 172/173
6 Aus: Sigrid Hunke, Allah ist ganz anders; Horizonte Verlag, Stuttgart, S. 7–9
7 Bildarchiv Berlin, Preußischer Kulturbesitz
8 Sarotti-Mohr, Reklamedarstellung: © Vista Point Verlag, Köln
9 Aus: Macheser/Gehrmann (Hrsg.), Deutsche Balladen, S. 153f.
11 Aus: Politik und Unterricht; Zeitschrift zur Gestaltung des politischen Unterrichts, Nr. 3/90, S. 41
12 Aus: Hans Küng u. a., Christentum und Weltreligionen; Piper Verlag, München 1984, S. 31/32 und S. 52/53
13 Foto: Fritz Kortler
14 Aus: M. u. U. Tworuschka (Hrsg.), Vorlesebuch Fremde Religionen – Jugendtum und Islam, Band 1; Kaufmann Verlag, Lahr und Patmos Verlag, Düsseldorf 1988, S. 258/260
15 Aus: Hans Küng u. a., Christentum und Weltreligionen; Piper Verlag, München 1984, S. 60
16 Aus: Udo Tworuschka, Sucher-Pilger-Himmelsstürmer; Kreuz Verlag, Stuttgart 1991
17–20 „Der Koran" übersetzt von A. Th. Khoury; Gürtersloher Verlagshaus Gerd Mohn, Gütersloh 1992
21 (Gebet A) Aus: Walter Nigg, Gebete der Christenheit; © Agentur d. Rauhen Hauses, S. 8
(Gebet B) Aus: A. Th. Khoury, Gebete des Islam; Matthias-Grünewald-Verlag, Mainz 1981, S. 46
(Gebet C) Aus: J. Rennert/D. Riemann, Der gute Ott in Weissensee; Evang. Verlagsanstalt Berlin, S. 5f.
22 Aus: Hedtke/Sorg/Eichhorn, Christsein heute – Fundamente; Schriftenmissionsverlag, Gladbeck 1976/3, S. 44/45
23 Aus: A. Th. Khoury, Gebete des Islam; Matthias-Grünewald-Verlag, Mainz 1981, S. 42/43
24 „Der Koran" übersetzt von A. Th. Khoury; Gütersloher Verlagshaus Gerd Mohn, Gütersloh 1992
25 Aus: Luth. Kirchenamt (Hrsg.), Was jeder vom Islam wissen muß; Gütersloher Verlagshaus Gerd Mohn 1991/3, S. 202/203
26 Aus: Luth. Kirchenamt (Hrsg.), Was jeder vom Islam wissen muß; Gütersloher Verlagshaus Gerd Mohn 1991/3, S. 204ff.
27 Aus: Luth. Kirchenamt (Hrsg.), Was jeder vom Islam wissen muß; Gütersloher Verlagshaus Gerd Mohn 1991/3, S. 228f.
28 Aus: „Sonntag aktuell" vom 5.11.1992
29 (Bild) © Kurpfälzisches Museum, Heidelberg
(Text) Aus: Detlef Willand, Der Weg; Verlag der Galerie im Unteren Tor, Bietigheim; © Stefan Heiland, Bietigheim-Bissingen

30 Aus: M. u. U. Tworuschka (Hrsg.), Vorlesebuch Fremde Religionen - Judentum und Islam, Band 1; Kaufmann Verlag, Lahr und Patmos Verlag, Düsseldorf 1988, S. 333f.
31 Aus: Bickel/Steigert, Geh deinen Weg; Herder Verlag, Freiburg
32 Aus: Walter Schmidt, Islam - Einführung in die jüngste Weltreligion; Evang. Presseverband für Bayern, München 1986, S. 11-14
33 Aus: Erfahrungen beim Brückenbauen. Gespräche mit muslimischen Schülern. Herausgegeben von der Stadt Ludwigsburg
34 Aus: A. Th. Khoury, Der Islam; Herder Verlag, Freiburg 1988, S. 126ff.
35 (Bilder) Aus: J. Sourdel-Thomine/B. Spuler, Die Kunst des Islam; Ullstein Verlag, Frankfurt/M. 1984, S. 138/139 (Skizze) Aus: Baedekers Allianz Reiseführer „Tunesien", S. 200; Verlag Karl Baedeker GmbH, Ostfildern
36 Siegfried Schulz
37 Aus: H. U. Berg (Hrsg.), Lieder - Bilder - Szenen; Calwer Verlag, Stuttgart und Kösel-Verlag, München 1981, S. 45
38 Siegfried Schulz
39 Aus: „Zeit-Magazin" vom 17. 1. 1992
40 Aus: Sigrid Hunke, Allah ist ganz anders - Enthüllung von 1001 Vorurteilen über die Araber; Horizonte Verlag, Stuttgart 1990
41 Quelle ist uns unbekannt
42 Aus: Sigrid Hunke, Allah ist ganz anders - Enthüllung von 1001 Vorurteilen über die Araber; Horizonte Verlag, Stuttgart 1990
43 Garo Nalbandian
44 © amnesty international
45 Aus: „amnesty international-Info" vom 4. 4. 1991, S. 20/21
46 Helmut Schneck, Tübingen
47 Globus Kartendienst GmbH, Hamburg
48 Globus Kartendienst GmbH, Hamburg
49 Aus: „Die Zeit" (Datum ist uns unbekannt)
50 Foto: Deutsche Presse-Agentur GmbH
51 Flugblatt
53 Aus: A. Bergmann (Hrsg.), Internationale Ehe- und Kindschaftsrecht, Bd. 6
54 Aus: „Sonntag aktuell" vom 5. 4. 1992
55 Aus: „Publik-Forum" vom 29. 11. 1991, S. 16. © Wolfgang Baaske Cartoon Agentur, München
56 Aus: Walter Schmidt, Islam - Einführung in die jüngste Weltreligion; Evang. Presseverband für Bayern, München 1986, S. 24
57 Aus: Erfahrungen beim Brückenbauen. Gespräche mit muslimischen Schülern. Herausgegeben von der Stadt Ludwigsburg, S. 16/17
58 Statistisches Bundesamt
59 Globus Kartendienst GmbH, Hamburg
60 Aus: S. Roschke-Bugzel/A. Buß, Geisteskinder - Ein Lesebuch zum Kirchentag; Hrsg. von der Arbeitsstelle Kirchentag Ruhrgebiet 1991, Evang. Presseverband Westfalen und Lippe
61 Aus: Orientdienst - Informationen, Juni 1991; Orientdienst Wiesbaden
62 Aus: Karikaturen. Kalender 1991, Blatt vom 20. Mai, Elefanten Press Karikartoon. © Amelie Gliemke, Berlin
63 Aus: M. A. Thomas, Weise den Weg, übersetzt von Joh. Treibel; Verlag der Evang.-Luth. Mission, Erlangen 1975
64 Aus: Die Liebe kennt keine Angst, herausgegeben vom Evang. Missionswerk, Hamburg, S. 21
65 Evangelische Kirche in Deutschland, Hannover
66 World Conference on Religion and Peace
67 Aus: Türkisch-islamische Union der Anstalt für Religion, S. 18